◆本书为"基于体医融合的浙江全民健身机制体系构建研究
　（19NDJC092YB）"研究成果

◆本书受2019年度浙江省哲学社会科学规划课题资助

邱林飞 著

Research on

Public Fitness Program of
"Medicine Combining Sports" Mode

"体医融合"的
全民健身模式研究

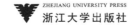

ZHEJIANG UNIVERSITY PRESS
浙江大学出版社

图书在版编目(CIP)数据

"体医融合"的全民健身模式研究 / 邱林飞著. —
杭州:浙江大学出版社,2021.5
ISBN 978-7-308-20808-6

Ⅰ.①体… Ⅱ.①邱… Ⅲ.①全民健身—研究 Ⅳ.
①G811.4

中国版本图书馆 CIP 数据核字(2020)第 233766 号

"体医融合"的全民健身模式研究

邱林飞　著

责任编辑	吴伟伟　马一萍
责任校对	郭琳琳
封面设计	周　灵
出版发行	浙江大学出版社
	（杭州市天目山路 148 号　邮政编码 310007）
	（网址:http://www.zjupress.com）
排　　版	浙江时代出版服务有限公司
印　　刷	广东虎彩云印刷有限公司绍兴分公司
开　　本	710mm×1000mm　1/16
印　　张	9.5
字　　数	160 千
版 印 次	2021 年 5 月第 1 版　2021 年 5 月第 1 次印刷
书　　号	ISBN 978-7-308-20808-6
定　　价	58.00 元

目　录

第一章　绪　论

第一节　"体医融合"的背景及现状

运动（exercise）以其自然、绿色的特点成为世界上许多渴望健康的人的普遍选择。近年来，"exercise is medicine"（运动即良药）的概念被欧美学者所提倡，其体现了运动与健康之间的紧密联系（冯蕾，2019）。

东汉末年，华佗开创的"五禽戏"可以视为我国最早的"体医融合"运动。新中国成立后，在改革开放政策的推动下，我国医疗卫生事业持续进步，全民健身运动兴起，国民身体素质不断提高。然而现代经济繁荣，物质生活发生变化，生态环境恶化、老龄化、工业化等因素影响着全民健身运动的开展。1994 年，我国开始实行全民健身计划，强调科学健身理念，明确实施体育医疗康复、运动处方的工作计划。然而，资料表明：自 2000 年以来，我国国民体质状况持续下降；另一方面，国民积极参与体育活动，但因不懂正确锻炼方法而引起的意外时有发生。2004 年开始，我国开始倡导"体医融合"的理念，并逐步出台相应政策。医学院校、体育院校已开设运动处方相关课程。过去，学者多针对理论和单项目运动处方开展研究，近几年才开始研究符合我国国民体质特点、经实验验证的运动处方。可以说直到现在，"体医融合"才刚刚起步。在具体操作时，"体""医"如何结合仍是个难点，多数体育教练缺乏足够的医疗卫生知识，他们无法帮助不同的人制定安全、正确的健身计划，而医务人员虽然清楚运动对身体的益处，但缺乏体育锻炼的基础知识，也不可能针对不同人的身体状况开出有针对性的锻炼处方。

2017 年，《中国心血管病报告》发布数据：从 2004 年到 2017 年，我国心血管病患病率、死亡率持续上升，医疗支出的增长速度远超过国内生产总值的增长速度。国民开始重视身体健康，在治疗疾病上的投入持续增长，而过去的医疗模式形式单一,无法高度匹配,造成健康和医疗资源浪费,甚至加深医患之间的矛盾。作为建设"健康中国"的必要手段,"体医融合"将缓解卫生医疗资源短缺的问题,有效地解决过去健康服务的困境,是健康服务模式最直观的表现。"体医融合"由美国第一个明确其概念,其在预防、治疗心血管疾病领域实现"体医融合",且受众广泛。从理论角度来说,"体医融合"包括体育学科、医学学科及"体""医"融合部分。简而言之,前两部分的理论较容易。而对于体育与医疗结合的理论,我们可以依据教育部发布的《授予博士、硕士学位和培养研究生的学科、专业目录》及学科特性分类,在"体医融合"学科中加入如"运动处方、运动医学、康复医学"等内容。体育和医疗保健技术相结合方向的专家不仅要掌握医学知识,还要掌握体育知识。体育和医学的组合不仅是体育和医疗两个方面的结合,而且是体育和医疗知识及技术的整合,涉及运用体育知识解决人们健康问题的技术。尽管医疗保健和体育隶属不同机构,但体育和医疗保健的本质是共同的:体育的本质属性是"增强体质、增进健康";医疗及保健的本质属性是"治疗疾病、保障和提高人民的健康"。在体质测量、制定运动处方、医疗监督等方面,"体医融合"表现为医疗卫生部门和体育部门的相互配合、补充,共同防治疾病,从而为"健康中国"建设提供动力。目前,国家体育总局运动医学研究所、中国康复研究中心都在推动"体医融合"的发展。前者在开展临床医疗、研究运动康复与损伤理论、管理体育医院、组建医疗专家团队、"体医融合"人才培养与资格认定等方面起着主导作用。汇集医、信、工、研、教多方面,中国康复研究中心则培养康复人才,开展康复医学研究。整体来看,"体医融合"包含体育元素与医疗元素,但并不是体育与医疗知识体系的简单叠加,而是体育与医疗领域的理论与技能动态的整合,可基于不同需求,将体育与医疗整合,制订具体"体医融合"计划。

2014 年,"全民健身"被党中央、国务院提升为国家战略;2016 年,《"健康中国 2030"规划纲要》(以下简称《纲要》)强调广泛开展全民健身运动,加强体医融合和非医疗健康干预,促进重点人群参加体育活动,强身健体。"体医融合"是健康促进运动的关键,将成为推进"健康中国"建设,全面提升中华民族健康素质,实现人民健康与经济社会协调发展的国家战略的重要措施和依托。

目前,我国正处在社会主义初级阶段,国民健康长寿,是国家富强、民族振兴的核心内涵,也是中华儿女的一致期望。健康作为人全面发展的核心要件,是提升综合国力的必要条件。生命在于运动,全民健身是实现国民强身健体、延年益寿的重要途径。《纲要》中明确指出,促进国民健康,要重视体医融合,强调非医疗健康干预,全民健身可以提升国民身体素质,有效预防慢性病,甚至缓解疾病症状。

　　健康是人类永恒的主题。20 世纪 60 年代,美国建设福利型社会,人民生活质量得到大幅提升的同时,因缺少体育锻炼,导致国民健康危机。自此美国政府不断加大健康投入,重视国民健康问题,来解决因国民健康导致的国家问题。70 年代开始,社会机构开始关注缺乏运动是如何影响健康的,以久坐为例,证明了体育运动对健康的促进作用。同时,尝试实施运动干预手段。1980 年,美国宣布开展"健康公民计划",实施国家健康战略,健康管理体系中开始添加运动这一项。美国积极提倡"体医融合"的概念。到目前,在推行"健康公民计划"的同时,积极搭建医疗卫生服务与体育健身服务一体化的服务平台,引导国民用运动来强身健体,有效促进民众科学运动,也有效降低了慢性病发病率。

　　随着我国全面建成小康社会,人民生活水平不断提高,现代文明病也进入多发期。多数国民处于亚健康状态;"看病难""看病贵"现象依然严峻;现代文明病,如"三高",难以用医疗手段彻底解决。此类问题严峻,影响社会发展。美国开展以运动促进健康的例子是成功的,我们可以取其精华,加以运用。

　　2014 年 10 月 20 日,国务院发布《关于加快发展体育产业促进体育消费的若干意见》;2016 年 10 月,出台《"健康中国 2030"规划纲要》。其中,重点提出倡导健康生活,树立文明健康的生活方式,推动健康关口前移,树立投资健康的消费观;并提出营造健身氛围,关注体育运动指导,利用运动强身健体,防范疾病,健全全民健身公共服务体系,重点关注"体医融合",重视非医疗干预手段,重点培养健康专业人才等意见。政府层面制定政策法规,为"体医融合"的发展奠定了根基,提出了明确要求并指明了前景。同时,大众越来越接受通过健身、保健和康复来增进健康的生活习惯。在公民追求健康的同时,对健身的要求不再局限于锻炼。随着公民健康和健身需求的增加,社会健身市场面临着巨大的机遇和挑战。在国内外发展大形势下,国家和社会营利机构逐渐发现存在体育与医疗相结合难、人才匮乏等问题。

尽管许多人才培训机构进行了探索和尝试,但人们的健身需求日益增长,人才需求仍不能完全满足。社会上各个健身中心的健身环境差距和人才配备差距仍然很大。我国的"体医融合"刚刚开始发展,部分城市目前实行的"体医融合"大多模仿国外的"体医融合"模式。北京郡王府阳光康曼俱乐部的创立是一种大胆尝试。与国民体质监测中心、体检中心的通力合作,使阳光康曼俱乐部成为体育与医疗结合的典型代表,不仅能够有效控制病情,还可以根据病情制定科学的锻炼方法,及时开具运动处方,有效地促进患者恢复健康。但看似完美的组合未能经受住时间的考验,国有俱乐部性质的"体医融合"模式在我国暂时覆灭了,其覆灭的原因有:①国有俱乐部在我国的市场经济中并不适合生存。②三个部门的配合缺乏政策支持,没有保障的体制很难长远发展。③宣传力度不够,在俱乐部成立初期媒体争相报道,民众也喜于尝鲜,争先体验,但后期宣传淡化,民众又对这种新兴事物的效果不太满意,使得俱乐部进入了"没人认识→没人参与→没有利润→没有资金宣传"的恶性循环。

以医院为主体,在医院开展体质检查、诊断,并开具治疗方法也是"体医融合"模式之一,北京北太平庄医院的健康体质监测指导中心就是典型代表。其定位明确,主要针对中老年慢性病患者。经过专业的运动医学培训,其医生不仅可以开具常规的治疗药物,还可以根据患者的病情为患者开具运动处方,指导患者的饮食习惯。但是该模式也没有长久持续下去,原因主要有:①虽然医院的医生可以开具运动处方,但是患者运动时缺乏科学指导必然使运动效果大打折扣,因此治疗效果也不甚理想。②运动医学专业人才发展受限,仅仅对医生进行专业运动医学培训只是缓兵之计,并不是长远之策。③缺乏政府的相关扶持。

上海徐汇区康健社区市民体质测试中心实行的是一种有别于其他模式的新兴"体医融合"的社区模式。该模式首次实现了体育局与卫生局的联合,居民可以在社区的体质测试中心直接进行疾病诊断,领取运动处方,接受健身指导。首先,该模式获得了两个政府部门的联合支持;其次,该模式创立于基层,服务于基层,费用受到公众青睐;最后,该模式学习了郡王府阳光康曼俱乐部和北太平庄医院的健康体质监测指导中心的优点,又开创性地运用到社区,符合我国国情现状。但该模式也有弊端:①体育局与卫生局的联合并不能从根本上提供政策保障。②基层医疗人员的专业知识素养面临考验,社会体育指导员匮乏。③没有政府扶持,资金运转困难。

苏州的"阳光健身卡"是每年把个人医疗保险金中的结余部分划入"阳光健身卡"中的一种"体医融合"模式。该模式有苏州市政府的政策支持,也有俱乐部的优惠支持。由政府部门和银行合作开发的新型磁条卡集储蓄功能和阳光健身功能于一体。该模式创造性地解决了"健身投资贵"的难题,有效地避免了医疗保险金的浪费,还是政府的一种福利性政策,一举多得。虽然"阳光健身卡"取得了一定的成效,参与人数也在逐年递增,但是仍面临一些亟待解决的问题:①"阳光健身卡"的这种"体医融合"仅仅体现为医疗保险金的结合使用,没有医疗监督指导参与其中,没有临床医疗与体育锻炼的密切协作。②"阳光健身卡"的办理并没有专门窗口,统一在社保中心办理,办卡时限也比较长。③"阳光健身卡"使用面较窄,仅限于场地租赁,难以有效地促进居民健身。

"体医融合"涉及了全新的发展理念,把单一的体育和单一的医疗结合起来,是一个全新的课题。以上四种"体医融合"模式虽各有不足,但自有其价值所在:①四种模式的"体医融合"为今后的"体医融合"推广提供了宝贵的经验。②无形中为"体医融合"的概念做了宣传。③后两种创新模式为今后建立符合我国国情的"体医融合"模式提供了借鉴。上海徐汇区康健社区市民体质测试中心独创的社区模式符合我国当前国情,社区活动也较利于居民参与,且消费较低;苏州"阳光健身卡"从一定程度上缓解了人们参与健身活动的资金压力。

从以上四种模式来看,"体医融合"的推广难点在于:①缺乏国家层面的政策支持、制度支持。政策支持和制度支持是目前体医融合发展的必备保障。缺乏具体的体制建立也使得"体医融合"难以形成亲密无间的配合。②对"体医融合"模式的宣传远远不够,大部分人还不了解"体医融合"的好处,这就从观念上制约了"体医融合"的发展。③体质测试中心、医院和俱乐部/社区的利益分配规则是当前我国"体医融合"的发展过程中亟待解决的问题。④相关人力资源匮乏。"体医融合"不仅是医生和健身教练的配合,更应是医疗专业和体育专业的密切合作。

"体医融合"在我国刚刚起步,仍不完善。作为一项长期工程,专业人才的缺乏是当前面临的重大挑战。民众的健身需求呈现多元化趋势,而单一的健身指导型社会体育指导员和教练员已经难以满足当前多元化的运动需求。因而,要求健身指导员在健身指导及医疗康复两方面具有专业技能。然而,在高校的专业培养方面,医疗健康的课程体系较为薄弱,不能与"体医融合"的需求匹配,导致社会体育指导与管理专业的毕业生就业难。

一方面是高校人才培养过剩,另一方面是专业人才严重缺乏。健康产业的良好势头要求社会体育指导管理专业必须做出积极调整。如果上级部门没有制定人才培养制度并加以说明,那么将存在学生素质、能力及知识与社会实际需求不匹配的问题。根据总体市场需求设计、调整人才培养目标,并选择合适的人才,这是一个将未来需求与当前课程结合在一起的逻辑,它将成为每所大学构建课程体系的基础。笔者通过研究课程设置的文献资料,发现首先需要系统分析培养目标。因为培养目标的研究指导课程设置的改革方向。现阶段体育专业毕业生的培养目标是模棱两可的,不能反映各种专业的特点。然而明确的教育目标和课程设置在人才发展中起着重要作用,也是教育发展和改革的原动力。大学的社会体育教育专业的任务是培训既有体育知识又有医学知识的人才。当前,医学院校开始注重培养体育教育与医学教育相结合的人才,但由于体育与医学结合涉及运动医学两个领域,因此这两个领域也必须共同承担"体医融合"专业人才的培养任务,即体育院校也需要培养体育与医学相结合的人才。

胡丹丹(2015)认为当前健身教练专业能力良莠不齐,难以匹配民众实际的需求;同时,健身行业认同感较低,教练发展前景堪忧。其原因在于:健身教练的专业知识和专业技能水平较低,行业统一认证标准不统一,从业资格管理混乱,男女比例失调,等等。为解决上述问题,王爱丰、王正伦、王进等(2015)认为应实施校企结合的培养方案。雷晓斌认为推广校企一体、企业全程参与的教学模式具有重大意义。而罗跃平、于超等(2015)则主张实践教学,增强学生的社会适应能力,让学生通过提前接触社会,更好地融入社会。从人才培养方案来看,社会体育指导与管理专业中的"体医融合"专业包含医学、体育学、营养学领域专业知识,可以匹配人们对运动和健康的需求(王瑜,2015)。

刘龙、罗跃平、王刚军等(2015)认为社会体育指导与管理专业课程门类多而杂,重点不突出,是因为在课程建设时,并没有充分调查社会需求。而当前社会要求社会体育专业毕业生能够独立指导健身,提供社区体育服务,经营商业体育,指导康复(梁亚娟,2017)。罗建英提出随着物质生活的不断丰富,人们对健康越来越重视,开始"花钱买健康",尤其是东部沿海地区对社区服务人员、健康保健人员、社会指导员的需求较大,而中西部是更需要社会指导员和社区服务人员。通过分析社会体育指导与管理专业人才就业情况,王慧超等(2018)指出我国社会体育指导员的就业形势严峻,其主要原因有:①因不完善的编制岗位设置,只能由政府收购服务兑现其薪资;②不完善的人才培养制度和不严谨的等级考核模式,导致毕业生的专业能力不能满足大众健身需求;③就业观不符合人才培养目标,多数毕业生选择转行。针对上述问题,他们提出基于市场需求,制定合理、科学的人才培养制度及考核模式,完善社会体育指导员从业法律政策,细化岗位编制规则,制定培养专门人才的解决方案。董婧涓(2018)认为健康问题是当前社会一大难题,大多数人都处于"亚健康"状态。

宋宝华、王会勤(2018)建议医学院校应为"体医融合"专业教师提供充足的人力、物力、财力资源;而体育教师也应积极学习相关医学专业课程,或到医学院进修。成明祥(2018)认为作为现代体育与医学推进的关键,人类的健康需要体育和医学共同作用,连接体育与医学,在融合中推动其健全,助力全民运动,符合医学院校体育改革要求。傅兰英、邓建伟、徐恬等对"体医融合"的理解略有不同,但均认为"体医融合"具有高度可行性,应积极响应"健康中国"的号召。多数学者提出将体育归入医学领域,服务于医学;也有部分学者认为应以"体"为主,医学为体育提供服务。从培养目标的角度来看,专业课程培养应重视"复合型选手",设置人体科学、传统医学、康复医学、体育科学、运动医学相关理论课程;将传统医学和运动康复作为医学理论的重点,同时,设置健身体育、娱乐体育、保健体育、康复体育等体育学科,培养"体医融合,一专多能"的技能型人才(刘国华,2019)。

对于运动与医学相结合方面,国内学者普遍认为,运动与医学相结合必须满足社会和时代的需求,即加强人力、物力、财力等资源倾斜;着重发展综合素质;对该类人才的能力素质、"体医融合"的特点进行可行性分析(胡耿丹,2014)。苏全生等(2014)认为,改革"医体结合,体医渗透"教育的关键是医体结合、面向体育、服务体育。他们提出:①体育运动发展离不开医学;②增强高素质复合型人才的社会竞争力,使其一专多能;③推进高等教育改革,加快医学模式的转变。通过实验,王瑜证实:根据"体医融合"原则培养的社会体育指导员,可以促进社区居民的体质健康。黄亚茹、梅涛、郭静（2015）总结美国健康体育的发展历程：作为运动促进健康的领头羊，自1980年起，美国以10年为一个周期，实施"健康公民"（healthy people）计划，运动被正式纳入健康管理体系之中，现处于第四个计划阶段——"健康公民2020"。发展了30多年后，ACSM（倡导"运动是良医"的指导服务平台）、NIH（基于科学研究的指导服务平台）、NCHS（提供体质健康信息的指导服务平台）、HHS（政府主导的服务平台）相继建成，引导民众科学健身，有效预防慢性病。

第二节　"体医融合"理念的形成脉络

2014年，《国务院关于加快发展体育产业促进体育消费的若干意见》明确提出促进体育产业与其他产业相互融合，以及积极拓展业态，促进康体结合，鼓励交互融通等促进融合发展的任务要求。

人的全面发展需要身体健康作为基础。国民健康长寿，是经济社会发展的基础条件，是国家富强、民族振兴的核心内涵，也是全国各族人民的共同期盼。党和国家历来高度重视国民身体健康，在健康领域大力推进改革，取得了显著的发展成就。但同时，由于工业化、城镇化、人口老龄化、生态环境及生活方式等变化，促进健康工作仍面临严峻挑战。因此，增强国民身体健康刻不容缓，基于此，2016年中共中央、国务院发布《"健康中国2030"规划纲要》（以下简称《纲要》）。体育作为建设"健康中国"的重要组成部分，在《纲要》的不同篇章段落中多有涉及。《纲要》推行健康生活方式，强调疾病预防。作为提高全民身体素质的重要手段，"体医融合"相关问题在《纲要》中被单列，呈现在其第六章第三节，至此，经过多年实践探索后，"体医融合"终于以国家政策形式得以明确呈现和部署。《纲要》明确提出要推进"体医融合"，强化非医疗健康手段干预，制定健身运动指南，健全运动处方库，完善"体医融合"的疾病管理与健康服务模式，加强国民身体健康，从而指导国民科学防治疾病，缓解症状。

近年来，体育已被广泛认为是改善人们身体素质的一种手段，公众对体育的热情从未像现在这样高。然而运动伤害时有发生。针对这样的困难和挑战，我国现有医疗系统无法解决，需要运用其他手段共同努力才能加以改善。体育和医学治疗相结合的主要内容是通过非医疗保健干预措施、康复医生或其他专业人员来预防人们健康状况不佳,指导人们科学健康地运动,最终实现治愈疾病或良好的健康管理。故而,针对不容乐观的国民健康状况,非医疗卫生干预措施将起到越来越重要的作用,会更进一步促进"健康中国"建设快速、平稳发展。

2016 年,我国开始实施"健康中国"战略,国家越来越重视国民健康,"体医融合"在其中承担着十分关键的责任。"健康中国"不是一个口号,而是"体医融合"的重要政策之一。"体医融合"是"健康中国"实施的重要途径之一。

一、"体医融合"概述

1."体医融合"的内涵

从"健康中国"和整个国家的健康角度来看,"体医融合"以发挥体育的预防作用为目标,而促进人的健康发展,是推进医疗的监督功能为导向的医疗与体育系统改革的必然要求。

随着物质生活的丰富,国民越发重视身体健康,因此,推进体育与医疗制度改革成为大势所趋。"体医融合"将结合体育与医疗系统各自的优势,加以互补、相互渗透、资源共享,从而达到协调发展的目的。新时期,我国体育与医疗系统改革、发展要求必须发展"体医融合"。

2."体医融合"的特征

从"健康中国"的层面来看,"体医融合"有更深层的内涵及特征:"体中有医","医中有体",体、医相互依赖、交融、渗透。具体的融合特征详见图1-1。

竞技体育:具有竞赛对抗性特征,优异运动成绩的取得不仅需要体
育科研的支撑,也需要医疗系统对运动员提供运动损伤、急救
的医学处方

学校体育:是提升全民体质的根基,运用运动生理学、运动生物化学
等学科为学生提供科学、合理的锻炼强度建议,可以避免受伤,
提升锻炼效果

群众体育:是实现全民健身中最不易解决的部分,通过运用医学干
预手段对公众实施科学指导、体质监测及医务监督,促进公众
积极科学健身

防病:治病不如防病,预防疾病单靠运用医学手段是无法完成的,
医疗系统将适量的体育锻炼与运动处方辅之以医学手段以促
进更好地预防疾病

治病:当今慢性疾病横生,如糖尿病、冠心病、高血压等疾病,运用
体育运动训练方法(间歇训练、循环训练)进行运动干预效果
远好于药物治疗

康复:医疗康复是让人的体能从负值到零值,体育是让人的体能从
零值到正值甚至更高,将运动康复运用到医疗中,不仅能促进
疾病康复,还能降低癌症死亡率

图 1-1 "体医融合"特征

二、"体医融合"的模式

"体医融合"不是简单的功能性叠加,而是要从关键性领域入手,找准契合点,实现两系统的优势互补、协同发展。笔者从"技术融合""资源融合""话语权融合"三方面对"体医融合"模式进行探索。

1."技术融合"模式

"技术融合"分为"技"的融合和"术"的融合两部分,前者是指体育科技与医疗科技的融合,后者是指体育科研与医疗科研的融合。通过将体育的"技术"应用于医学,将医疗的"技术"应用于体育,达到融会贯通的目的。

增强运动技能、提高运动成绩需要体育科学研究的支持,而提高医疗卫生水平和发展医学技术也需要医学研究的保障。首先,运动与医学的整合应该实现各种系统科学研究成果的整合。例如,建立运动医学研究所,加强两个系统科学研究成果的整合,促进运动医学的发展,以运动医学为学科基础,教授医学理论。其次,科研整合的成果需要转变和推广。例如,印刷运

动、营养、保健等相关书籍,并按地区、分批次和数量免费分发给公众,以便满足民众一般的科学健身需求。

将体育与医学科技融合,运用于实际,有利于打破行业壁垒,帮助患者康复。如在临床医学当中,将竞技体育中的 HIIT(高强度间歇性训练)和医疗中的心电高频成分及心电信号频谱分析(新型心电监测技术)相结合,使冠心病、缺血性心脏病等心脏疾病得到良好医治。当前,我国慢性病,如脑卒中、高血压、2 型糖尿病等患病率逐年升高。在医学治疗中,辅以科学的体育锻炼方式,不仅能促使患者康复,而且能形成积极健康的生活方式,从而帮助患者恢复身体机能。

2."资源融合"模式

在资源共享方面,"资源融合"致力于培养体医融合型人才,充分共享体育与医疗两大系统的信息、人力、物力,成立医学运动专科医院,设立互助平台,从而实现资源共享的目的。

要达到全民大健康的目标,在体育与医疗系统方面,需要转变过去的人才培养方式,不再单一培养专业型人才,转为逐渐培养复合型人才。第一,社会体育指导员及教练员可以在医学高等专科学校或二甲、三甲医院向医学专业人士学习医学理论和技巧,如护理、监督、评估等;第二,医院的医生、护士可以在师范类体育院系或体育院校向体育专家学习体育理论,如运动训练、康复等;第三,加快体医复合型人才培养,如运动处方师,通过委派专家学者出国接受专业培训,加快体育与医疗的融合。

当前,我国虽然有近千所科室设置健全、医疗水平高的三甲医院,但其中设置运动医学专业科室仍较少,只存在于经济发达地区的省人民医院及部分高校附属医院。即便如此,这类科室仍陷于门诊一号难求、住院一床难寻的困境。普及运动医学理念、建立运动医学专科医院任重道远。故而,需要通过行政手段,加强政府支持与引导。由体育与医疗系统向运动医学专科医院提供物质资源,如医疗设备、健身器材等;开设运动医学门诊,由医生和体育专家联合出诊;将康复技师、运动处方师、基层医院三者紧密联合,创立医生诊断病情、体育专家开具运动处方的联合诊疗模式,使"体医融合"模式真正落地。

设立体育与医疗的信息共享平台和公众互助平台,包含全国范围的体育专家、医学专家、医师及运动营养师等。第一,建立医疗急救处理数据库。近年来,我国体育赛事举办频繁,其中,赛事医疗与急救措施对赛事的安全、平稳进行起着保障性作用,此库可以基于赛事类型的不同提供相应的急救方案。第二,建立疑难病症数据库。无法以医疗手段根治的疾病,通过寻求运动处方加以缓解。第三,设立慢性病探讨平台。在医生和运动营养师之间共享慢性病医治方案,寻求高效的诊疗手段;同时,针对不同人群特点,由运动营养师制定健康食谱,预防慢性病发生。

3."话语权融合"模式

"话语权融合"是指将体育在健康中的主导权与医疗在健康中的主导权相融合,通过舆论媒介传播及逆向思维引导手段促进体育与医疗系统"话语权"的整合,从而推动全民科学健身,最终实现"健康中国"。

第一,开展专题讲座,传授运动医学知识。邀请专业运动队的营养师和随队医师分享生理学、运动营养学理论,强调科学锻炼的重要性。第二,利用媒介手段倡导健康生活方式,形成示范效应。利用运动明星的知名度进行宣传,邀请体育明星进校园、进社区,分享职业发展过程及运动经历,运用专业理论进行体育指导。第三,由各级体育主管部门指导,在举办地区特色的体育活动时,为参与者提供免费的医疗检测服务,保证赛事安全平稳完成的同时,大力宣传科学健身的理论与方法。

全民健身的实现是加速推进"健康中国"建设进程的重要助力。2009年,我国开始全面施行《全民健身条例》。总体来看,我国健身人口呈上升态势,但实施力度仍有待强化。《全民健身条例》的推广方式亟待转变。医生是病人最信赖的人,通过医生的逆向引导,向患者及大众推荐科学运动方法,其依从性效果更好。同时,加快完善经济发达地区的医疗保障制度,积极推广医保卡购买健身服务,如苏州、常州实行的"阳光健身一卡通"。通过医疗方面的话语权融合,鼓励公众形成"治已病不如防未病"的观念,促使公众科学锻炼,为建设"健康中国"夯实基础。

三、"体医融合"辨析

运动与医学的结合从字面上看是运动科学与医学的交叉与融合,但其不仅是体育与医学理论和实践的相互渗透,而且体现在思想、观念等许多层面的相互补充、相互作用上。

1."体医融合"的缘起与释义

世界范围内,美国最先使用"体医融合"概念。19世纪,美国的医学专业人员已经开始关注运动与医学组合的可能,并进行了运动医学组合的研究和演示。在健身俱乐部与医院的合作方面,高度的市场化带来了较大的"体医融合"空间。如今,我国慢性病呈现"井喷"态势,"现代文明病"成为危害国人健康的主要疾病。《中国防治慢性病中长期规划(2017—2025年)》和《"健康中国2030"规划纲要》中均提到"体医融合"的概念。在实施"健康中国"的同时,融入"体医融合",有利于实现国民身体健康、国家环境健康、社会经济健康,推进"体医融合"是实现国民全面健康的核心内涵。笔者梳理了近十几年内"体医融合"的研究成果,发现对"体医融合"概念,学术界的理解不尽相同(见表1-1),但大致可分为如下三类:①从抽象概念角度进行解释,例如"体医融合"是一种区别于传统的单一系统的大健康服务模式;②从知识体系层面上进行阐述,例如"体医融合"就是体育和医学的结合,就是指保健体育、运动医学、康复医学、医学营养、运动处方、健康评估等众多知识的集合;③从操作角度对"体医融合"进行界定,指向其实践内涵维度,例如"体医融合"主要指体育部门与医疗卫生部门在医学体检、体质测定和保健康复等方面相互配合补充,将医疗服务、健康教育与全民健身高效顺利地在社区推进(曾及恩、杨明发,2019)。

表1-1 不同学者关于"体医融合"概念的定义

概念界定者及时间	定 义
宣海德(2007)	所谓"体医融合",就是指社区体育要与我国城市卫生服务体系相结合,促进体育与医疗卫生部门在医学体检、体质测定、运动健身和保健康复等的相互配合、补充
黄彩华(2011)	"体医融合"是一种以大健康的角度,以社区为平台、社区卫生服务机构为工作环境的,体育健身服务参与其中的,实现"医体"资源共享的,区别于传统的单一系统的大健康服务模式
赵仙丽等(2011)	"体医融合"就是指保健体育、运动医学、康复医学、医学营养、运动处方、健康评估等众多体育和医学知识的集合,相互补充,相互渗透
李亮等(2014)	"体医融合"是指运用体育运动方式配合中医治疗方案促使身体恢复健康的一种模式,利用运动处方与养生保健的体、医元素

续表

概念界定者及时间	定　义
廖远朋等 （2016）	"体医融合"即体育和医学在众多知识集合的交叉、协同和融合。其跨界合作不仅是体医理论与实践的借鉴、融合,还包括理论、学科及知识体系等层面的融合,相互补充、渗透与促进

综上所述,本书将"体医融合"界定为:运用体育运动方式配合医疗卫生治疗方案,促使身体恢复,以保持、促进健康的一种模式手段。其特色在于综合运用运动处方或养生保健等多种体、医元素,发挥其在慢性病预防和康复、健康促进等方面的积极作用。通常可通过个人体质评估和医学检测测定个体的健康状况,并参考相关指标制订科学的、个性化的运动处方,保障健康,提升健康水平。这是慢性病、病兆、康复、亚健康等人群回归健康的最优途径。其中,体育健身与医疗卫生是"体医融合"的两个有机组成部分,虽然二者过程和方式各不相同、各有侧重点,但其根本目的都是为大众健康提供服务。体育健身侧重前端,涵盖身体锻炼、保健、养生等工作;医疗卫生侧重后端,涵盖疾病预防、治疗、康复等工作。二者犹如鸟之双翼,不可偏废。

2."体医融合"的实质

运动与医学相结合的本质是提供运动学科的手段和方法。医学思维方法和知识系统用于总结常见的运动方法,以使定位更加具体、实用而科学。运动可以有效促进身体健康,在西汉初期,中国已经出现"导引术",其主要目的是打开和关闭四肢,旋转、弯曲和伸展,从而增强身体素质。世界卫生组织认为,缺乏运动成为对人类健康的第四重要威胁。

"生命在于运动"和"运动是一种良药"的观念逐渐为人们所重视。现有研究证实,科学高效运动在疾病预防和身体康复方面扮演着不可或缺的角色,并且可能对康复、治疗和预防的健康链产生重大影响。

第二章 "体医融合"基础理论

第一节 "体医融合"的概念、基本发展思路

一、"体医融合"的概念

赵仙丽、李之俊、吴志坤（2011）在发表的《构建城市社区"体医结合"体育公共服务的创新模式》中提出，"体医结合"就是体育和医学的结合，是指运动医学、保健体育、康复医学、医学营养、健康评估、运动处方等众多知识的集合，体育和医学紧密结合，相互补充、相互渗透、相互促进。他们强调两者在知识体系上、学科上的关联和结合。而与之对应的"医体结合"，则侧重在防治疾病、医疗介入的过程中，结合运动手段进行干预。尽管二者看似相同，即均强调"体"和"医"的结合，但实质却大不相同。从适用范围来看，"体医结合"应用更广，它可以通过医疗手段进行过程监督、判断和评价，促进高效健身；其受众更广，适用于普通健康人群、高危亚健康人群或已患病人群等。作者讨论并分析了体育与健康结合以及社区的体育与健康融合的概念和含义，希望帮助中国的社区体育活动和城市更好地利用医疗设备进行检测和治疗。加强体育与医疗卫生机构之间的沟通与协作，可以帮助人们实现增强体质、预防和治疗疾病以及维持健康的目的。作为一种新的社区运动概念，运动与医学的结合有助于在社区中有效地促进医疗保健、健康教育和全民运动。

目前，学术界从体育、医学等不同角度对"体医融合"这一概念进行界定，仍未明确其定义。如张剑威、汤卫东（2018）认为所谓"体医融合"是指运用体育运动方式配合医疗卫生治疗方案促使身体恢复、保持，促进健康的一种模式手段，其特色在于综合运用运动处方或养生保健等多种体医元素，有

效预防慢性病,增强国民身体素质。宣海德(2007)则认为所谓的"体医融合"无非就是指我国的城市卫生服务体系应当与我们的社区体育相结合,在体质测定和康复保健等方面互相配合和补充。

二、"体医融合"的基本发展思路

首先,明确"体医融合"的实施方法:以推广"全民科学健身活动"为主。《"健康中国 2030"规划纲要》明确"发挥全民科学健身在健康促进、慢性病预防和康复等方面的积极作用"。"健康中国"与"医疗中国"不同。在国民身体素质层面,我们应未雨绸缪而不是亡羊补牢,国家应该有倾向性地投入更多的资源,提倡全民科学健身,促进健康。大力宣传科学高效健身,开展不同形式体育运动活动,增强国民整体健康水平。实现运动与医学相结合的核心方式是开具"运动处方"。建立一个完整的健康促进系统,将体育和医疗保健相结合,建立健全运动处方库,以应对不同情形,并促进体育和健康服务与医学疾病管理模式的融合。科学预防、缓解慢性病,完善身体健康监测体系,设立国家身体健康监测数据平台,开展运动风险评估,探索运动与健康的量效关系,有效预防运动风险,实现科学高效锻炼。

其次,强调融合传统医学与体育科学。"体医融合"绝不只是仅与现代医学融合,而将传统医学排除在外。传统医学强调"天人合一""动静结合""治未病",与"体医融合"的理念不谋而合。2016 年 10 月,国务院办公厅发布《关于加快发展健身休闲产业的指导意见》,其中明确指出:"推动'体医结合',加强科学健身指导,积极推广覆盖全生命周期的运动健康服务,发展运动医学和康复医学,发挥中医药在运动康复等方面的特色作用。"

再次,在竞技体育中应用训练监测、康复治疗和运动营养支持,尤其是在高水平的竞技团队,运用最高效的训练方式和最佳的康复手段、治疗方法及营养策略,可以更好地预防、治疗慢性病,这也是体育和医学综合治疗的一种升华。然后,重点人群和特殊群体是关键。制订并实施特殊群体的身体健康干预计划,如青少年、妇女、职业人群、老年人和残疾人。发展青少年运动兴趣,积极开展青少年体育项目,努力使青少年具备多种体育技能,并每天在校园内进行至少一小时的体育活动。计划到 2030 年,青少年每周参与体育活动达到中等强度 3 次以上,学校体育场地设施与器材配置达标率达到 100%,国家学生体质健康标准达标优秀率 25% 以上。在办公区外设置体育运动区域,开展工间健身计划。同时,积极推进残疾人康复运动。

最后,多领域共同参与"体医融合"建设。体育界和医疗界基本认同应加强体育辅助医疗、开具运动处方。在我国,体育部门负责推行《全民健身计划》,而卫生部门负责卫生、健康、医疗,两方缺乏交流、隔阂严重。《纲要》强调要深化各层面的融合。推进变革体育发展方式,全方位推进发展,强调非医疗手段的健康干预,深化"体医融合"发展。同时,积极统筹协调体育与医学融合,加强行政部门和行业间的沟通、协作。在慢性病预防、康复方面,鼓励和支持体育与医学学者开展合作研究,真正做到"健康融入所有政策,全方位助力全民健康"。

三、"体医融合"的实践模式

1.运动干预

要形成健康的生活方式,运动显得尤为重要。调查数据显示,世界范围内,有 300 多万人每年因为缺乏锻炼死亡,近 10 年该数据急速上升。2014年我国第四次国民体质监测报告显示,只有 33.9% 的国民常运动健身,符合要求锻炼方式的人数更低。全球范围内,高血压、吸烟、高血糖是造成人类死亡的三大原因,而缺乏运动锻炼是第四大死因。关注慢性病问题的同时,作为诱发慢性病的重大原因之一———缺乏运动锻炼也引起了更多关注。同时,作为较早进入老龄化社会的发展中国家,我国将在 2030 年至 2050 年进入老龄化最严峻的阶段。肌肉的流失是造成人衰老的主要原因,人一旦进入 50 岁以后,骨骼肌质量将以每年 1%～2% 的速率流失;50～60 岁后,骨骼肌肌力每年将以 1.5% 的速率下降,60 岁后将会提升到 3%。对于老年人来说,抗阻运动同样是有效的增肌手段,同样的,通过有氧运动能够降低代谢疾病患病率。业界普遍接受运动训练可以预防和控制慢性病、延缓衰老的观点。随着体育和医学领域的融合,人们需要运动干预服务。医学领域率先应用干预(intervention)。20 世纪 60 年代,在国外,心理学开始应用干预手段,为避免咨询人员因为持续的不适应行为,从而实行行为疗法。随后,为治疗教练、运动员的心理问题,竞技体育开始引入心理干预行为,从而达到激发运动潜力、提高竞技成绩的目的。当前,体育健身的地位大幅提升,学者们不断深入研究,体育领域开始专门使用运动干预一词。

在体育运动方面,运动干预是一个较宽泛的概念,指的是利用不同的体育活动开展健康促进活动,以实现健康。运动干预对健康的作用相对明显。学界从心理学、医学、生理学和社会学的角度开展了许多研究。在运动干预研究中,学者们得出了许多与运动干预等效的术语,最广为人知的是运动、锻炼、体育活动、运动训练。体育锻炼已成为全世界关注的主题。身体活动意为导致身体消耗能量的任何运动。这种体育锻炼是由剧烈的肌肉活动引起的,包括人们进行活动的方式有许多,例如工作和做家务活。许多研究表明,慢性病的形成和身体衰退与体育锻炼不足以及体育锻炼干预措施不足直接相关。从概念上讲,体育锻炼比体育干预要大得多,但是从功效的角度来看,体育干预更为直观,并且可以促进健康。同时,体育干预是最有效的体育锻炼,因为其以人们实际生活方式为基础。为此,本书将体育干预定义为:通过系统和科学的运动实现健康目标的行为。运动干预分为主动运动和被动运动。主动运动指主观意识控制肌肉的收缩,并完成肌肉工作的能力,从而加强血液循环、加大能量消耗、增加心肺耐力、增强体力。被动运动是指疾病或外伤导致人体暂时或永久失去肢体活动能力的肌肉被动或外在运动,在此过程中,肌肉不消耗能量,但是它们可以放松收缩的肌肉并改善关节的活动性。

2.运动健康管理的商业模式

20世纪90年代,国内开始出现健康管理的理念。然而,关于健康管理的概念,我国学者的理解也不尽相同。从公共健康服务的角度来看,苏太洋(1994)指出,为改善健康状况,健康管理应运用有效的管理方式,对个人和社会的健康进行改善。从个人生活方式、个人行为和健康意识的角度来看,张继可等(2000)提出应运用现代医学成果和管理学方法,有目的、有组织、有计划地提升个人健康情况和生活质量。从健康投资的角度来看,黄奕祥(2011)提出应以健康投资者的需求和健康评估情况为基础,提供连续的、主动的、系统的健康管理服务。陈君石、李明(2014)提出健康管理是全面整治个体和社会群体健康中的不良因素。他们强调:健康管理是对个体或群体的健康进行全面监测、分析、评估并提供健康咨询和指导,同时对健康危险因素进行干预的全过程,以达到调动个体和群体及整个社会的积极性,有效地利用有限的资源来达成最大的健康效果的目的。虽然对于健康管理的概念,国内外学者没有统一的定义,但国内普遍认为健康管理是以现代健康概念(生理、心理和社会适应能力)和新的医学模式(生理—心理—社会)以及中医治未病理念为指导,通过采用现代医学和现代管理学的理论、技术、方法和手段,对个体或群体的整体健康状况及影响其健康的危险因素进行全面检测、评估、有效干预与连续跟踪服务的医学行为及过程。

近些年,少数社会组织和企业经常使用"健康管理"一词,但尚未为人们熟知。扬州大学黄浚智(2012)在《运动健康管理网络平台的研制与应用》中只模糊地解释了在健康管理中运动干预起着重要作用,尚未把健康管理列为专有名词展开说明。于飞、刘照涌(2013)发表《浅谈运动健康管理》,把运动健康管理定义为:运用现代医学科技和科学体育运动手段从生理学、社会学、心理学的角度来系统地关注和维护运动者的身体健康。虽然构成了该概念的雏形,但是并没有突出其概念特征。之后,涉及运动健康管理设备主题的内容开始运用运动健康管理,但也没有明确的概念。运动健康管理与纯运动干预之间存在很大差异。体育健康管理是健康管理模块的组成要件,同时成为一项独立的体育服务,在健康促进方面,作用突出。因此,阐明其概念对于建立运动健康管理业务模型非常重要。

一言以蔽之,运动健康管理业务是指,为实现消费者目的,整合内部资源、外部商业联盟网络活动,用市场营销、传递价值、整合资源等方式,实现企业盈利。运动健康管理业务模型还需要明确,企业要促进客户的健康目标,采用运动健康管理方法,并采取一系列内部和外部活动来满足客户的健康需求,以实现业务收益。

运动健康管理业务模型意味着公司运用运动干预实现其客户的健康管理。此过程要求公司整合来自许多学科的资源,例如医疗保健、康复和体育指导、付费产品服务,以使服务产生收益。为了扩展运动健康管理业务模型的概念,有必要阐明运动健康管理业务模型具有该业务模型的所有基本属性。要探索该业务模型,还必须考虑业务模型的元素以及它们之间的逻辑关系。由于其提供产品的特殊性,该商业模式具备一些特性。本书的研究重点是运动健康管理的商业模式如何通过运动健康管理干预健康。运动健康管理要求严格按照其整体要求和标准流程,将运动干预作为主要手段来实现对个人或群体健康的管理,该过程需要配合相关医学检测、营养干预、心理干预等手段,并实施个性化定制的运动干预指导服务。简而言之就是通过运动干预手段实现健康管理,运动健康管理同样依照健康管理检查、评估、干预的循环过程。此外,在强调运动干预的情况下,还需要其他健康促进方法,因为基于一般健康概念的特定需求,影响健康的因素及其促进方式是多方面的。体育保健概念的含义是体育促进健康并实现保健。概念扩展意为用运动干预保健,在健身指导中进行运动指导以及在术后康复中促进运动。这些是运动健康管理的缩影。运动状态的变化会导致不同运动健康问题的产生,而管理人员目前缺乏明确的概念和认识,也没有规范化、系统化的行为。因此,运动健康管理的内涵较广,包括有目的、有意识、持续、规范、系统、运动实施。

狭义的运动健康管理是一种对亚健康、慢性病等有明确健康需求的运动治疗方式,要求在明确医学检测、运动技能水平检测的基础上,严格执行运动处方的每项内容,同时严格把控营养摄入量,必要时配合心理干预和医疗干预,以促进身体健康。广义的运动健康管理指为提升机体健康水平状态,将运动干预、体力活动干预作为促进健康的主要手段,在管理者的监督和指导下,执行运动处方,同时实施健康检测、评估后制定的营养干预方案,配合必要的心理干预,使机体保持健康状态并提升整体健康素质。

运动保健服务是典型的服务行业,是保健行业的一个分支。体育干预被用作实践医疗服务流程的主要产品。故而,将运动健康管理服务商业化时,转变商业模式,可以为其客户提供付费服务,并从中受益。这种商业模式的核心是提供运动保健服务。它的特点是基于体育干预措施提供医疗保健服务,以实现商业利益。

分析运动健康管理的商业模式,应从以下角度来看:第一,商业模式的角度;第二,健康管理的角度;第三,运动健康管理的角度。国民体质情况是体育界重点关注的领域之一。当前,社会经济不断繁荣,科学技术不断更新换代,与此同时,国民身体素质问题却不容乐观。2014 年 2 月,习近平总书记在江苏镇江调研时强调,没有全民健康,就没有全面小康。我国《体育事业发展"十二五"规划》明确体育事业发展应该坚持以人为本,服务民生。要以科学发展观为统领,把增强人民体质、提高全民族身体素质和生活质量、促进人的全面发展作为出发点和落脚点,满足人民群众不断增长的体育需求,切实实现好、维护好、发展好最广大人民的利益。2014 年 3 月,长城国际心脏病学会议发布《中国人健康大数据》,数据显示:在中国,超过 1 亿人患有高血压、高血脂,超过 9240 万人患有糖尿病,接近 2 亿人体重超重或者患有肥胖症,约 1.2 亿人患有脂肪肝。当前,疾病患病率居高不下。按患病率计算,现在中国每 30 秒就有一个人罹患癌症,每 30 秒就有一个人罹患糖尿病,每 30 秒至少有一个人死于心脑血管疾病。同时,越来越多的年轻人开始患病。然而从实际情况来看,多数人在工作后难以享受到便利的体育资源,大部分人未能重视体育运动并科学认知体育运动(赵彤,2014)。越来越少的体育锻炼、超负荷伏案工作,让都市年轻人处于不健康、亚健康状态。超过 90% 的白领工作时间远超 8 小时,62.3% 超过 10 小时,20% 超过 12 小时,与此对比的是,他们的平均运动时间每周只有 2.61 个小时。业界认为坚持科学运动可以使身体健康,并有效预防慢性病。

更广泛地宣传科学运动,让大众积极参与体育运动,不仅需要专业知识,传播媒介也起着举足轻重的作用。2015 年 4 月 16 日,中央电视台的原创栏目《运动大不同》开播,其宣传健康的运动理念,促进全民健康。自开播以来,引起社会广泛关注。作为国内最大的电视媒体,其宣传方式、传播价值对运动健康管理商业化都具有启发意义。

3."体医融合"的实践模式

全球范围来看,缺乏运动成为很多疾病发病的原因之一。《柳叶刀》研究显示,缺乏运动导致死亡的人数占全球死亡人数的 1/10,成为继吸烟、肥胖之后引起死亡的第三大危害。并提出,公共卫生官员应该视其为一种流行病。哈佛大学的研究显示,2008 年,全球因缺乏运动导致的职业病、2 型糖尿病、结肠癌和乳腺癌的死亡人数超过 530 万人,呈上升趋势。只要降低 10%~20% 的全球缺乏运动率,每年将减少 50 万至 130 万的死亡人数,同时,将提高世界人口预期寿命近 1 岁。在实施全民健身计划时,我国青少年的体质健康问题显得尤为重要。

中国教育科学研究院发布的《我国青少年体质健康发展报告》表明:近些年来,我国青少年在身体形态、身体素质和生理功能等方面有下降趋势,特别是近些年,呈加速下降态势。整体来看,2008 年以来,学生体质健康下降趋势有了缓解,但实际情况仍不容乐观。究其原因主要是缺乏运动。面对考试和升学的压力,青少年学生的在校学习时间严重超出国家规定。调查显示,超过 60% 的小学生在校学习时间超过国家规定的 7 小时,超过

60％的初中学生在校学习时间超过国家规定的 9 小时。由于课业负担重，学生完成作业的时间同样超过国家规定时间。小学低年级约 50％的学生每天完成作业的时间超过国家规定的 30 分钟；小学高年级约 30％的学生每天完成作业的时间超过国家规定的 60 分钟；约 20％的初中学生每天完成作业的时间超过国家规定的 1.5 小时。有 10％的中小学生每天完成作业的时间甚至超过 3 个小时。完成学校的学习任务后，多数学生还有家长安排的学习任务。75％的中小学学生要参加学科辅导班、特长班。在国家规定的休息时间内，多数时间用于学习和完成作业，休闲的时间中第一是上网、看电视，第二是阅读课外读物，如书刊、报纸等，第三是玩游戏，用于体育锻炼的时间少之又少。

目前，我国全民健身事业仍面临较大挑战。原因很多，但其根本原因是大众没有认识到体育健身的科学价值，没有意识到科学健身的重要性，导致在实践中缺乏主动性，参与运动的积极性较差，阻碍全民健身事业向科学化推进。

国家重视国民身体素质问题。2014 年，国家出台《关于加快发展体育产业促进体育消费的若干意见》，全民健身正式上升为国家战略。"体医融合"就是体育和医学的结合，是指医学营养、康复医学、健康评估、保健体育、运动医学、运动处方等多方面的集合，将体育和医学紧密融合，相互渗透、相互补充、相互促进。全民健身与现代医学的融合作为"体医融合"的形式之一，可以积极推进新时期全民健身工作，并引领发展新方向。

"体医融合"的实践进程中，成都体育学院是先行者和实践者。其在 60 多年的办学历史上形成了"以体为主，体医渗透，体文结合，培养一专多能应用型人才"的办学特色。为加快推进全民健身与全民健康深度融合，2016 年 9 月，全国第一家"运动医学与健康学院"在成都体育学院率先设立。当前，成都体育学院已经成为国内最大的运动医学人才培养基地，也奏出了体育与医学协同发展的最强音。

在探索"体医融合"的过程中，成都体育学院勤于思考，砥砺前行。

第一，完善教学体系设置，从国家级卓越（中医）教育培养计划改革试点项目切入促进"体医融合"发展。在"双一流"建设的背景下，依托郑氏中医运动医学，整合资源，力求打造世界一流的运动医学专业。为推动"体医融合"的实施，成都体育学院在体育类专业课程方面，不仅设置了学科基础课、专项课、选修课、通识课,还加入了中医骨伤科作为其特色课程。不仅如此,开设体育和运动技能课程作为医学专业课程,为投身大体育医疗服务工作夯实基础。

第二,"体医融合"开创了"武医结合",是一种全新的融合形式。中医骨伤科在中国由来已久,中国武术同样博大精深。郑怀贤教授开创了中医骨伤科诊断治疗体系,成为"武医结合"的创始者和实践者,其毕生精力都贡献在武术与医学的结合上。其创立了郑氏伤科学术,在武术教育和中医骨伤科与武术理论结合的领域,不断进行武医研究和实践。他结合自身临床经验,博采诸家之长,在国内外产生了深远的影响。

第三,学校成立运动医学与健康研究所,切实落实"体医融合",并为其发展提供服务保障。该研究所拥有国家体育总局唯一的运动医学重点实验室,主要研究方向为运动促进健康的机理、运动性损伤发生机制及预防治疗、中医药对运动损伤的防治与开发、全民健身与运动医务监督研究、运动与治未病等。成都体育学院依托运动医学与健康研究所,建立"教学、科研、临床"三位一体的学科发展平台,为体育学及临床医学的教学、科研及临床实践提供助力。

第二节 影响"体医融合"的因素

一、相关政策法规亟待完善

众所周知,政策法规对"体医融合"起着非常重要的作用。其一,具有指示作用。它是"体医融合"的指明灯,为其发展方向指明了道路,明确了目标,指导着"体医融合"的前行。其二,具有保障作用。"体医融合"的发展必定不会一帆风顺,肯定会遇到诸多问题和障碍,相关政策法规的确立,犹如手握"尚方宝剑"一般,可以势如破竹,加快其发展进程。其三,具有规范作用。"体医融合"涉及两个不同的领域,两个不同领域在长期的发展中都拥有了一套自我管理、自我发展的机制,相关法律法规的确立,可以明确其任务、规范行为和融合机制。因此,建立明确的法律法规对"体医融合"的顺利开展是非常有必要的。政策法规不配套,再先进的理念在实践中也会面临夭折的危险。例如,十年前,北京一些健身俱乐部就将"体医融合"的理念融入俱乐部发展规划,进行"体医融合"的早期尝试。以北京郡王府阳光康曼俱乐部为代表,它的创立紧紧贴合"体医融合"的内在要求。康曼俱乐部联合国民体质监测中心、体检中心,三者首次合作亮相,吸引了一大批顾客前来咨询和健身。俱乐部通过体质监测中心和体检中心对客户身体进行检测,然后根据检测结果开具运动处方,通过科学的锻炼,进而促进身体的健康。这个具有前瞻性的阳光康曼俱乐部最终没有经得住时间的考验,在历史的长河中慢慢被销蚀。该尝试失败的原因是多方面的,其中康曼俱乐部、体检中心、国民体质监测中心三个部门的配合缺乏政策支持,没有保障体制是关键原因之一。

一些过时的法律、法规也严重阻碍了"体医融合"的发展。国务院颁发的《医疗机构管理条例》(1994)规定:不设床位或者床位不够100张的医疗机构,需要向所在地的县级人民政府卫生行政部门申请。此规定到目前依然有效。国内小型的康复机构很难达到100张床位的规模,这就在一定程度上限制了康复产业的规模发展。与此同时,许多县级卫生行政部门对康复师、治疗师有临床经验年限的要求。这使得康复产业发展较为缓慢。康复项目纳入医保的范围还有待扩大。2011年,国家将运动疗法等9种医疗康复项目纳入医保范围。2016年国家发布的《关于新增部分医疗康复项目纳入基本医疗保障支付范围的通知》,将康复综合评定等20项医疗康复项目纳入医保范围。虽然国家将一定数量的运动康复项目纳入医保,但绝大多数是关于肢体残疾、脑瘫、口语残疾、听力残疾等方面,而关于运动损伤的项目多属自费,医保不能报销,虽然部分地区已纳入某些项目,但是报销比例偏低乃至不报销。并且目前运动损伤康复市场价格较高,较低的每小时百元以上,档次较高的每小时300～800元。高门槛使得众多消费者对运动康复望而却步,这些都严重影响"体医融合"的发展。如果国家改善相关法律法规,并将更多的运动损伤康复纳入医疗保险,将有助于促进体育和医学的融合。

二、卫生健康(医疗)部门与体育部门存在壁垒

"体医融合"的发展需要体育部门和卫生健康(医疗)部门携手并进,共同努力。顶层设计已井然有序地进行,然而落实到实处,依旧存在诸多的矛盾和碰撞。其中主要体现在以下几个方面:一是存在"部门隔阂""职责固

守"的问题;二是"协调困境"与"分段治理"的问题同时存在;三是面临"政出多门"和"无人问津"的问题。解决这些问题,需要政府部门切实转变行政职能,加强部门职能合理配置。卫生健康(医疗)部门与体育部门虽然都是为了全民健康和"健康中国"的实现不懈努力着,但是两者在职责功能上毕竟存在不同,在职责划分上存在着"分段治理"和"协调困境"的问题。因行政管理分工的性质,政府部门根据权责配置要求形成自己的管理范围,然而部门之间关联性的加强,需要部门之间密切配合,体育和卫生健康(医疗)部门在某些方面却依旧执着于自身的职责范围,容易导致两者之间的隔阂越来越大。同时体育与卫生健康(医疗)部门由于权责的原因形成利益竞争关系,甚至出现有利可图的争相竞争,无利可图的置之不理,存在明显的职责缺位现象,这种利益本位的思想造成"政出多门"与"无人问津"的现象。

我国卫生健康(医疗)部门与体育部门分管不同领域,合作与交流较少。尽管有些体育部门和医疗卫生机构已经认识到现存的问题,想要进一步地沟通、交流与合作,但是由于缺少沟通媒介、资金支持,以及相应的鼓励机制,最终使得两部门的合作举步维艰,严重阻碍了"体医融合"的推进。突出的例子是,一些运动康复专业毕业的学生,希望通过考取医学类研究生来获取医生资格,以更好地从事运动康复工作,但在当前体制之下,医学类研究生招生要求本科必须是医学专业,因而使得他们的愿望无以实现。在社区层面,虽然一些地区进行了全民健身和社区医疗机构相结合尝试并取得一定成效,但也必须看到在更多的地方,由于所属系统不同,社会体育指导员和社区医生依然处于"各自为战"的局面,短期内无法融合。

在国内,体育与卫生机构间的配合与交流较少,分管的领域并没有交集。目前提供体育公共服务的主要是政府、企业和除此之外的非营利性组织。无论是政府、企业,还是除此之外的非营利性组织,所提供的体育公共服务在很大程度上都是由各类与体育相关的组织机构为主体提供的,各类组织机构提供的体育服务产品也是以体育服务为核心的。从组织上和服务内容上看,非营利性组织突出了体育公共服务的特性,但往往忽略或者较少与其他类别的组织机构进行交叉合作,很难提供具有互补性的综合体育服务产品。从民众的角度出发,医疗与体育联系并不密切,前者是疾病防治,后者是运动锻炼,提高身体素质。体育与医疗卫生之间的关联被人们所忽略,"体医融合"还没有被广泛知晓,导致"体医融合"的推广效果不尽如人意。目前,一些体育与医疗部门开始意识到加强合作与沟通的必要性,并开始实践,但经费、激励政策、沟通媒介、具体措施等方面的问题,严重制约了社区公共体育服务的发展。

三、专业人才队伍建设存在问题

第一,在人才培养方面,"体医融合"应特别强调注重医学和体育教育二者的结合。但当前,"体医融合"人才培养的一个突出矛盾是,除了少数培养机构,如成都体育学院的运动医学相关专业外,中国绝大多数"体医融合"相关专业在建设过程中存在着融合深度欠缺的问题。体育院校、系科在培养此类人才的过程中,面临的最大问题是医学课程体系建设的薄弱。体育大学无法进行有关体育和医学整合的教学,很难吸引对运动有一定了解的医学专业人士,并且体育大学没有相应的医疗设备和实验条件来支持医学课程的建立。认知能力和体育技能足够,但医学实践技能是薄弱的一环,这也是限制体育大学生就业的重要原因。

第二,医学类院校在培养此类人才的过程中,遇到的最大问题是对体育专业知识和技能的感知和实践训练欠缺,导致培养学生更多会从临床治疗的方向去考虑,在预防医学、非医疗健康干预的方向思考欠佳,在体育锻炼对身体素质的影响方面,缺少感性认知。在实践中,由于医生的身份与运动指导人员相比,其指导意见对大众更有说服力。而实际上,由于上述原因制约,虽然医学类院校培养的此类人才医学水平远高于体育院校,但在毕业后的实际工作中,只有少数人具备开具运动处方的意识和能力。

因此,到目前为止,医学院校相关专业培养的人才在"体医融合"事业推进中所做的贡献有限。"体医融合"类专业尚且遇到此类问题,其他普通体育专业和医学专业在培养学生过程中彼此的融合就更薄弱了。在人才培养方面,体育高校的课程体系中,缺少健康和医疗课程设置,培养的学生缺乏大众运动医疗指导能力;而医科院校除了大学体育课外,极少有结合专业特点,以告诉学生身体活动和医学之间关系的课程设置。在全民健身领域,社会体育指导员亟须通过培训提升医学素养。现实状况是,总量近200万人的社会体育指导员,虽大多具备一些初步运动处方能力,但能够在实践中顺利开出为民众所接受、比较有效的运动处方的却凤毛麟角。由于没有相关的医学知识和保健知识,因此他们的指导仅是基于运动技能,针对的也多是患有慢性病或其他疾病的人以及有特殊减肥需求的人。因此,将更多的医学要素纳入社会体育指导员的运动处方训练中应该是未来教育改革的重要方面,体育教育与医学教育的紧密结合还有很长的路要走。

第三,人才培养的服务导向及行业壁垒限缩了人才的就业出路。在我国,从事"体医融合"性质工作的人员早已存在。我国前期对体育的重视程度多在于取得金牌,保证运动员的健康水平以及竞技状态。因此,会给运动员配备专门的医护人员,配合教练共同为运动员的健康服务。在一个较长的时期内,为竞技体育服务甚至成为"体医融合"相关专业人才培养的首要服务目标,也成为此类专业毕业学生就业的优先选项,为运动员服务的医疗、康复技术代表体育医学的最高水平。而未能进入竞技体育服务体系的"体医融合"相关专业毕业生们,在就业上面临着巨大的困境。对于那些从该专业毕业的学生来说,如果他们无法进入竞技体育系统,进入康复治疗医学系统就成为他们的首选。但是,由于当前的行业壁垒,这种就业路径并不平坦。相对而言,医学院校学生进入医学系统的可能性较高。虽然我国并没有明文规定体育院校学生不能报考康复治疗师,但由于在人才培养目标和专业课程设置上,医学界的认知并不充分,导致体、医两个领域间存在严重的壁垒。对于"体医融合"相关专业毕业生来讲,要想取得康复治疗师上岗资格,还需要通过由人力资源社会保障部和卫生部共同组织的全国卫生专业技术资格考试。但在实践中,有越来越多地区,例如江苏、浙江、广东、四川等都规定体育院校毕业的此类专业学生不能报考康复治疗师考试;更有甚者,在校时已经考取初级证,却不能报考中级证。由于理想中的就业目标难以达成,多数体育院校培养的"体医融合"相关毕业生不得不改行从事了其他"不限专业"的工作。

第四,社区以及全民健身科技创新平台、科学健身指导服务站点,为全民科学健身服务,积极推进"健康中国"建设,应是"体医融合"人才大展拳脚的广阔天地。但现实问题是,多数社区并无此类岗位设置,而全民健身科技创新平台、科学健身指导服务站点的建设才刚刚启动,还不足以吸纳大量人才。为生计考量,当前,该类人才只能被迫另谋职业。这就导致了"体医融合"人才培养与就业中的结构性矛盾,一方面,随着"健康中国"概念的提出,以及全民健身上升为我国国家战略,我国对"体医融合"人才的需求量大增,而现有的培养数量和质量远不能满足需要;另一方面,由于人才培养的服务导向、行业壁垒等原因,人才被动性流失严重。"体医融合"人才培养的保障条件亟待改进,包括师资队伍、实习保障等。一是这样改进能满足需求的师资力量不足。"体医融合"是新型的健康模式,大多数人对其没有很深的认识,在教学过程中,医学院校、体育院校教师因"术业有专攻",而对彼此学科并不是很了解,导致教师们大都从单方面进行知识传授,缺乏精通医学技能和运动、科学健身、体育锻炼知识和技能的复合型教师。体育与医学的结合的困境对培养复合型人才产生了严重的不利影响。二是可以保障该专业学生的实习条件。"学以致用"并不是一句空谈,在实践中掌握知识是一种快速有效的教学方式,"体医融合"需要学生具有较强的实践能力。但是,目前体育和医学专业组合的实习覆盖率要求有待提高。体育院校"体医融合"专业面临的主要问题是缺乏医学院校的医疗设备、实验环境和诊治对象,实习条件常常捉襟见肘;医学院校"体医融合"专业面临的主要问题是很难在体育系统之内谋取到实习的机会。总体而言,体育院校是实习硬件条件和实习机会都欠缺,而医学院校则是在医疗系统之外难觅实习机会。

四、产业开发略显迟滞

伴随着我国经济实力的提升、人民生活质量的提高、百姓对体育消费需求的增强,体育产业悄然崛起。其自身的前后向关联效应使体育产业逐步成为推动国民经济发展不可或缺的力量,成为人们竞相追逐的"大蛋糕"。同样,作为推进发展"健康中国"的关键路径,"体医融合"所倡导的非医疗健康干预和运动康复手段日渐被百姓所重视,通过"体医融合"实现健身科学化,日益成为各方的共识。"体医融合"前景广阔,在为广大人民群众提供基本的"体医融合"公共服务产品的同时,能够满足人民群众对更加美好的健康生活的需要,享受型"体医融合"产品也日益受到有一定支付能力的群众欢迎。同时,相关领域的产业开发也受到国家政策的支持,《纲要》中也明确提出要积极发展健康产业,大力推动休闲健身产业蓬勃发展。因此,"体医融合"领域发展前景非常光明,其价值不可估量。但是,"体医融合"发展刚刚起步,还未真正地进入大规模产业开发阶段,人们对其大都处于观望状态,加之在一些尝试性开发中出现了一些问题,使得"体医融合"领域发展略显迟滞。

近两年来,"体医融合"逐渐深入人心。一些健身俱乐部瞄准了商机,玩起了"体医融合"的概念,打着"体医融合"的幌子吸纳会员。而实际上,这些俱乐部属于仓促上阵,严重缺乏专业的、具有运动处方指导能力的教练。顾客体验不好,对俱乐部有意见,认为上当受骗,间接地会影响到民众对"体医融合"的信心,影响到"体医融合"在健身休闲产业中的渗透。

运动康复应是"体医融合"市场开发的一个重点领域。目前,国内的运动康复领域执业机构包括私营性质的运动康复公司和公立性质的运动康复医院。私营性质的运动康复机构良莠不齐。该类机构有两种,一种是有一定规模、资质合格的,但全国只有不到10家,它们拥有一定的规模和专业的医师,在康复行业属于领军机构;另一种则是资质较弱的袖珍型机构,医师资质良莠不齐,各类平台设备发展并不是很完善,有的只是挂着康复机构的牌子,做着简单的健康咨询服务。公立性质的运动康复机构以各地区的体育医院为代表,主要是为运动员服务的医疗保障团队或者是各省市地区的体育医院,是拥有"体医融合"核心技术的团队及部门。虽然,前期和当前阶段,有一些公立的机构也进行了转型,将主要为竞技体育服务的技术逐步转向为普通大众服务、为全民健康服务,部分机构的转型还比较成功,但整体而言,大多数该类机构的转型并不顺利,很多机构还处于探索阶段。

造成该类机构转型迟滞的原因主要有:一是动力不足,作为主要为竞技体育服务的机构,在经费、设备、人员待遇上都有一定的保障,在体制内"活得"好好的,缺乏拓展阵地的动力;二是对转型后的市场行为缺乏必要的政策保障或引导,对转型可能导致的政策风险有顾虑;三是社会上有一种误解,提到"体医融合",更多地强调其公益性,包括不少这个领域的专家在论述中也有意无意地回避其市场开发问题,这进一步影响到各地公立运动康复机构转型的动力。

总体而言,当前,"体医融合"的实践推动,无论是政府试点、进社区,还是科技创新平台建设,更多是以公益的形式呈现,市场因素介入很少。虽然从理论上来讲,其产业前景广阔,但在现实中,大多数机构还处于观望状态,论证有余,行动不足,产业推进略显迟滞。

五、国民体质监控体系亟待完善

积极推进"体医融合",强化非医疗手段干预健康,要求"开展国民体质测试,完善体质健康监测体系,开发应用国民体质健康监测大数据,开展运动风险评估"。良好的国民体质监控平台的建立有助于实时掌握"体医融合"的效果,能够及时发现其中的问题,可以大大缩短"体医融合"体系的建设时间,是体现我国全民健康水平的量化标准。但当前,我国国民体质监测服务体系存在着大量的问题。目前我国的国民体质监测体系主要分为国家、省、市、县四级体质监测中心。虽然设有四级监测中心,但是监测中心的数量并不是很多,而且它们不能覆盖所有的群众。国家级的体质监测一般是五年进行一次,省市级别的一般是一年一到三次,县级次数会多一点。虽然有的地区比如广西壮族自治区南宁市体育局,每年会组织体质监测人员下到社区、乡镇等地为百姓们进行监测,但是这样的活动毕竟没有固定时间、地点,无法对百姓进行长期的体质监测和管理,使得"体医融合"的效果难以发挥。非医疗手段的运动干预是一个循序渐进的过程,它需要患者进行定期的复查,再根据新的表现症状调整运动处方,以达到更好的效果。一般的体质监测中心大都设立在当地的体育局,且免费测定时间一般是在工作日,这就造成很多百姓路途、时间上的不方便。针对这样的局面,体质监测应当建立以社区为中心的新一级监测站点,使得人们能够更方便、更快捷地进行体质监测,从而为促成体育医学的发展提供更详细准确的信息源。

国民体质监测通过科学的方法以及手段对测试者身体各项机能进行测试,通过测试了解人的健康状况,为今后健康、科学地锻炼提供科学指导意见。然而多数的国民体质监测站点是为了任务而监测,不能积极主动地为百姓进行健康指导。据了解,在浙江省28个健身指导站中,只有15个站点能每年完成三次以上的社区和基层的健身指导活动,11个在监测站通过两种以上的途径开展监测宣传。大多数的监测站点则是一年一次完成地区国民体质测试,经过数据的分析与处理,出具一份健康报告,其包含简单的健康指导也就是运动处方。许多人觉得所开具的运动处方太过笼统,没有实际意义,因而没有按照处方锻炼。注重监测、忽视指导,是我国当前国民体质监测体系建设中的一个硬伤。究其原因,主要是现阶段各监测机构的考评体系过于单一,未将科学指导纳入年度考评中,监测工作人员不能从指导层面获得相应的报酬,因而监测后的指导变成了一个"良心活儿",是否提供详尽而有针对性的指导,全凭工作人员的公益意识。还有,不少监测中心的监测人员属于兼职,或者义务性质,不少是附近高校相关专业的学生,他们在执行完监测任务后就离职了,后续进一步的健身指导当然无从谈起。因而,国民体质监测机构中敷衍性的"运动处方"大行其道也就不足为怪了。

六、"体医融合"的科学化有待加强

"体医融合"运动处方的开具需要病人详细的体质数据,而现阶段国民体质监测项目依旧是身高、体重、肺活量、台阶测试、1分钟仰卧起坐(女)、俯卧撑(男)、纵跳、坐位体前屈、选择反应时、闭眼单脚站立等,虽然能反映出群众的身体健康状态,但是缺乏对人体更加细致的关注。随着近些年慢性病爆发式的增长,慢性病致死率也在逐渐攀升。然而当前,对于慢性病的监测仍然没有提上国民体质监测日程。这就造成了很多百姓错过第一时间的预防和治疗。虽然体质监测点在为民众进行体质监测后会出具一份监测报告,但报告大多是千篇一律,告诉百姓要积极锻炼,而如何准确、科学锻炼却没有提及。能够满足人民群众多样化健身、健康需求的个性化或订单式体质监测服务,目前还少有机构涉及。

笔者通过参与和观察多所学校的体质监测活动,发现大概的流程是:首先对学生进行常规的体质测试,然后将数据收集后进行整理。如果整体体质测试水平过低、不达标,有的学校为了政绩好看,将会对数据进行一定的修改。这在圈内已是公开的秘密。更有甚者为了改变学生体质不达标情况,抽取别的学院体质较好的学生冒名顶替,进行体质测试,提高不合格学生的测试成绩,从而达到合格以上水平。同样,社会上某些地区为了取得良好政绩,将实际数据存留在手,上报虚假数据。"漂亮的体质监测数据"虽然给我国合格体质数据"锦上添花",但却为我国开展运动风险评估、建立国民体质健康监测大数据库,以及科学地指导全民科学健身和运动康复带来极大的隐患。

我国目前对公共服务的认识还不够统一,导致很多管理部门、社区组织对社区公共服务的理念认识各有不同。民政部门认为部分社区服务应该归属为民政部门的公益事业,社区认为公共服务应该由政府负责,而教育部门、卫生部门、文化部门认为,这些不同专业性质的服务应该归属各个专业部门管辖,结果各部门在进行社区公共服务的过程中纷纷要求社区建设施、挂牌子、配队伍。很多城市都有体育部门、卫生部门以及一些其他相关部门在社区投入资金建立的由各部门负责管理的服务设施和项目,致使社区成为新一轮部门大战、体制冲突的场所。还有一些早已建成社区服务中心的城市社区,为节省资金、节约开支,将各部门要求办的服务项目尽可能地纳入社区服务中心管辖范围,并且以一幢大楼、一套班子、多块牌子的办法,来应付新办服务项目的上级对口部门。在南京,几乎每个社区服务中心都挂有 5 块以上的牌子,最多的达到 13 块之多。

第三节 "体医融合"的人才体系构建

目前,市场上有很多俱乐部健身项目的收费价格非常高。作为营利性机构,经济效益是健身俱乐部存在的根基。因此,健身俱乐部会牢牢把握住健身人才。多数俱乐部不会录用缺乏专业化健身指导能力的康复教练,其原因在于:"就当前社会形势而言,康复类课程价格高,且该部分市场开发程度低,不少会员有相关需求也会选择去医院接受治疗,向俱乐部提出申请的很少,因而,养一个专门的康复教练跟养一个闲人差别不是很大","但是在未来,康复类的教练一定能够占据相当大的市场,毕竟公民的健身意识正在苏醒,康复训练的相关市场也正在开发"。多数俱乐部仍以健身指导能力作为选用基础,但也开始重视康复人才的选用。总体来看,在人才储备方面,健身俱乐部的确呈现向康复训练过渡的趋势,在康复训练方面倾注成本,但根据现在教练人员的基本素质能力,在未来,健身指导能力仍是核心内容。

一、"体医融合"人才市场的需求情况

1.社会体育指导员康复人才培养需求分析

(1)康复需求不同

关于社会体育指导员职业岗位方面,笔者对当前的分析研究进行了核实。通过实际走访,青岛体育局体育总会的工作人员表示:当前,民众对于健康的需求是刚性的,并不以人的喜好和健身场地为转移。人民在健身俱乐部运动时,需要专业的指导。各协会和其他社会体育组织也是一样。其差别表现在:首先,健身俱乐部的存在以营利为基础,具有市场化、商业化的特点,而体育协会作为非营利性组织,接受行政机构的管辖;其次,健身俱乐部为特定人群开设专门的健身项目,而体育协会以舞蹈、武术及个别球类为主开展活动;最后,从受众群体来看,健身俱乐部以青壮年为主,体育协会则以中老年人为主,呈现老龄化的特点,更需要专业的健身指导和康复训练。

(2)康复需求人才培养制度中存在问题

第一,与健身教练的薪酬相比,社会体育指导员明显低于平均水平,导致人才流失。目前,在青岛市的社区协会,社会体育指导员都是兼职工作,也侧面反映了人才流失、岗位设置不合理的问题。

第二,社会体育指导员人数少,工作时间不固定。

第三,许多不同层次类型高校人才培养目标大体一致,呈现千校一面、千篇一律的景象:有些高校专业目标不清晰,依据不充分;有些高校脱离实际,把目标定得过高或过低,照搬照抄;有些高校确定或修订人才培养目标缺乏严格的制度程序,随意性大。

这些问题不解决,将严重影响人才培养质量的提高。因此,明确本科专业人才培养目标制定的依据、要求、程序,对确定科学合理的人才培养目标具有十分重要的意义。本科教育处在特殊的教育阶段,上承基础教育,下接研究生教育,不同的教育阶段有不同的任务、不同的目标,在制定本科人才培养目标的教育实践中,必须遵循人才成长的一般规律和教育的基本规律。

2.社会体育指导员康复人才高校培养依据

人才培养的原则与方向是人才教育工作的出发点与落脚点,也是对人才培养中"质"的总括规定。在本科教育阶段,该专业的人才培养应符合高等教育规律,这是大前提。就我国本科人才培养来说,主要依据以下几方面设置目标:

(1)政策法律依据

国家规定必须依据 2018 年修订的《中华人民共和国高等教育法》及 2017 年教育部颁布的《普通高等学校本科专业目录》(下文简称《目录》)制定、修改本科专业的人才培养目标,不得超越法律法规的许可,必须尊重《目录》的权威性。

(2)认证评估依据

如上文所述,学生选择专业、社会选拔人才等都要参考人才培养目标,同样,检验教学工作是否按规定完成也要以培养目标为根据。故而,人才培养目标必须准确、合理,须符合人才发展规律,方便参考。

（3）社会需求依据

制定人才培养目标，作为承上启下的关键，连接着课程体系的构建和社会对人才的需求，而人才培养质量最终要接受社会需求的检验。因此，制定科学合理的人才培养目标，必须以社会生产的实际需求为基础。这体现了课程理论的社会中心课程理论思想，也符合多数学者对社会体育专业定位及人才培养目标确定的共同意见。

由于健身者年龄、性别及身体状况不同，实际社会需求可以分为以下三种：第一，年龄在30岁以下的健身者，包括学生、社会青年、产后妇女等，他们以减肥、增肌、塑形为主。该年龄阶段的人群通常尚未结婚或者刚刚结婚，事业上还未起步或刚刚起步，通常憧憬未来，但对体型不太满意，希望通过健身减少脂肪或者增加肌肉；同时，青壮年的身体较健康，几乎没有康复需求，多数人没有接受专业的训练指导，而是盲目性地跟风训练，导致其训练效果不佳，便消极放弃训练，认为健身对于减肥或塑形没有帮助。

第二，处于事业上升期的健身者，年龄在30～45岁。他们的事业正在起步或已经起步，势头较好。他们经常加班，在事业上投入精力较多，导致身体状况下降。通过体检报告单，他们认识到自己的身体健康存在问题，却又不知如何改善。他们选择健身，意在加强脏腑功能、改善身体形态、增强身体素质、减少伤病的发生。由于时间紧、应酬多，同时又资金充裕，他们重视效率和效果，通常在健身俱乐部购买私教课程，通过专业的健身指导，高效地恢复、提高身体状况。这类人群对健身指导人员的要求较高，不仅要求他们具备体质测量与评价的训练学方法，还要具备训练学、生物力学、生理学、解剖学等方面理论，能够以健身者的身体状态和运动需求为基础，制订科学高效的训练计划、专门的饮食搭配，及时沟通，更新训练进度。同时，训练结束后，教练需要为私教会员进行放松活动或用推拿等方式帮助其恢复肌肉状态，消除疲劳。此外，这类人群热衷于健身，将健身作为休闲、娱乐、社交的途径，常结伴健身，以娱乐身心，发展事业。

第三，45～60岁的健身者。他们的精力不及以前，事业不再稳定上升，工作熟练且效率较高，时间较多。但由于过去对身体的透支使用，可能患有各种疾病，如慢性劳损，神经、骨骼、肌肉等方面疾病。他们将健身视为医疗投入，以达到调理、康复的目的。但基于目前我国经济社会的发展程度，该群体几乎没有意识到科学健身的重要性，患有慢性劳损后，多数人会直接在医院进行治疗,而不是进行科学健身。事实上,受限于当前健身市场的发展程度,即使他们看重健身的治疗效果,具有较大的市场潜力,却也仍然难以发展起来:其一,健身意识薄弱,质疑健身的康复效果;其二,健身指导人员的专业素质难以匹配患者减轻病痛的需求。

3. 社会体育指导员资金投入和市场潜力

(1)资金投入

社会体育指导员资金投入主要包括以下几个方面。

人们通过办理健身俱乐部的会员卡,来获得器械、场地的使用权。他们主要使用动感单车、跑步机、抗阻力器械及体操房。健身方式的性价比是他们考虑的首要因素。第一,心理引导是开始运动的基础,教练应帮助他们建立运动的信心与热情;第二,健身者自己运动往往效果不理想,教练应以科学的理论为基础,提高其运动效率;第三,教练需要以健身者实际生活状态及身体状况,运用专业知识与技能,制订高效、科学、合理的健身计划和营养搭配;第四,增强运动效果,用事实说话。

健身指导人员对运动器械和场地非常熟悉,且具备较好的指挥和控场能力,可以控制健身者的运动节奏,还可以以健身者的健身需求为基础,推荐合适的健身项目,帮助其养成科学合理的健身习惯。

少数超过60岁的人健身意识较强,加上年轻时身体素质较好,也会选择在健身机构运动。他们相信通过锻炼可以增强身体素质,避免患病,同时,他们了解一些健身方法,也有康复需求。但他们骨质钙化较严重,不适合较大负荷的力量性训练。同时,需要实时监测其适应能力及身体状况,合理安排训练,这要求健身指导人员能熟练运用解剖学、生理学、训练学及体质检测等方面理论。

特殊人群对健身教练同样有专业需求。事实上,孕妇和残疾人很少在健身机构运动,而是选择自行健身运动。健身指导人员需要以实际情况为基础,依照不同身体状况,合理地进行健身指导,科学地设计健身计划。

(2)市场潜力

目前,包括社会体育指导员和教练员在内的健身指导人员仍以健身指导能力为主,康复训练能力为延伸部分,呈正金字塔结构发展,多数只具备健身指导能力,只有少数人两者兼备。复旦大学朱宏杰博士(2006)提出"市场导向与企业预期行为之间有显著正相关关系""企业预期行为还受到企业当前业绩的显著正面影响""市场导向分为顾客导向、竞争者导向和部门协同"等理论。从常识角度来看,一段时间内,健身俱乐部对人才的需求将持续以健身指导为主,而未来,将更多需要康复训练专业人才。我国健身市场将在短期内以上述趋势发展,经济市场对健身指导人才的需求也走向康复训练领域。

当前,市场需求仍以健身指导类教练为主。但考虑到未来发展趋势,还应当从人才培养目标、人才培养计划、人才培养周期、讲师的聘用、课程体系的构建与运作等方面考量。教育具有滞后性的特点,同时还要满足社会需求。在构建课程体系时,考虑到未来发展趋势,以社会体育指导与管理专业为代表的"体医融合"的课程体系应满足健身市场需求,即以"体医融合"为方向,着手培养跨专业康复教练,如此可以有效提高相关专业毕业生的就业率。

以健身指导能力与康复理论为核心,培养"一专多能"的复合型健身指导人员是"体医融合"理念的关键内涵,其顺应健身市场的发展趋势,配合国家政策要求,满足国民的运动需求。

4.社会体育指导专业人才的专业能力

社会体育指导专业人才工作的主要方向有三个:健康管理师、社会体育指导员及健身教练员。他们的专业能力要求略有不同。

(1)社会体育指导员

社会体育指导员是"体医融合"理论与实践的应用者,是新型的社会体育工作者。社会体育指导员需要教授运动技巧、进行运动指导并组织管理,同时,在运动损伤的预防与治疗、运动处方的制定等"体医融合"方面具备深厚的理论知识。在实践中,运动损伤的突发事件常常发生,社会体育指导员要具备医学方面紧急处理问题的能力。在日本,较大的健身场所会对健身者提供医学检测服务,专业的社会体育指导员基于检测结果掌握其身体状况,以根据实际情况制订健身计划。

(2)健身教练员

为健身爱好者收集健身资料、制订合适的健身计划、选择匹配的健身项目,提供健身服务,他们应具备专业的医学、运动理论,具有服务意识、团队精神和较强的沟通能力。从健身教练员的工作内容与职位技能要求来看，"体医融合"的理论和技能必不可少。

（3）健康管理师

提供健康咨询、制订健身计划、采集和管理健康信息、评估健康和疾病危险性等。健康管理师要求专业的医学和体育学理论，根据疾病症状，为不同人群制定相应运动方案。健康管理师将结合体育与医疗理论，达到高效健身的目的效果。

二、"体医融合"人才体系的构建

1. 人才培养目标定位

（1）依据

私教课程中康复训练的效果好，但由于开设课程较少，导致其价格较高。这也是多数健身者不愿投入金钱的原因。针对以上情况，第一，加强健身单位和健身指导人员对康复训练的宣传，加强健身者对康复训练的认识，提升健身指导人员的康复技能；第二，重点强调康复知识、康复技能（如常见慢性劳损的康复原理、诊断、康复训练及急性损伤的紧急处理等）的专业能力；第三，暂不讨论康复私教课程的价格体系。

（2）实践经验

社会体育指导与管理专业有 20 多年的发展历史，在专业建设方面，已经进行了宝贵的探索，并积累了相当的实践经验。人才培养目标应基于实践经验而制定。在对比各省高校社会体育指导与管理专业的人才培养方案时，重点关注其差异及课程开设情况。在详细对比了各高校社会体育指导与管理专业的人才培养目标设置之后，立足于调查所得的社会对人才的需求，本书将"体医融合"方向的人才培养目标确定为：本专业培养以健身咨询与技术指导能力为主，具备一定康复与治疗能力以及了解社会市场经济发展规律，能够很好地适应健身行业的"会组织、精指导、能康复、懂管理"的一专多能的"体医融合"的应用型人才。

2. 人才培养规格定位

（1）人才培养规格设计的定义

人才培养规格设计是基于教育的自身规律，根据社会需求变化，从数量和质量,确定人才培养的要求、规模和标准,即人才培养目标的细化和具体实施方案,明确基本素质和能力要求与标准,以更详细解释人才培养目标。

（2）人才培养规格设计的依据

人才培养规格设计"以社会需求为依据"。目前,社会需求主要以健身指导为主,同时,康复训练在未来将得到更多关注。预测社会市场需求,同步考虑课程体系构建、完善周期,实际教学周期及教师聘用周期等,有利于培养适应社会发展的理论与技能。因此,本专业人才培养规格确定的两个依据是"市场需求"和"教育前瞻性"。

（3）人才培养规格设计的要求

①知识结构要求。

A1.人文与自然科学基本知识:作为一名大学生,掌握必要的自然和人文科学知识。

A2.体育科学基础知识:系统掌握体育科学基础学科的基本理论和基本概念,以及这些知识在体育训练和健身指导中应用的基本知识。

A3.健康管理与运动康复知识:熟悉健康管理及运动康复的基础知识和基本原理,熟悉常见运动损伤的病理及康复方法。

A4.社会体育工作知识:系统掌握社会体育指导与管理,大众健康与运动康复的基本理论、技能与方法,了解社会体育改革与发展的动态。

②能力结构要求。

B1.工具知识运用能力:能够掌握一门外语,具有熟练运用外语阅读专业期刊和进行文献检索的能力;掌握计算机及其操作的基础知识和应用知识;拥有良好的语言组织和沟通能力。

B2.运动项目指导能力:准确把握各运动项目的主要特征和规律,具备根据项目特征、场地、器械条件及健身者实际情况,科学指导大众健身的能力。

B3.体育保健能力:具有运用体育健康与运动康复的基本理论、技能与方法,开展体育保健和运动康复训练的能力。

B4.实践创新和专业发展能力:具有较强的创造性思维能力、开展创新实践和科学研究的能力;具有自信、自强、自主的创业意识和能力,以及继续学习和不断提高的能力。

③核心素养结构要求。

C1. 思想道德素养：具备正确的世界观、人生观和价值观，遵纪守法，有较强团队意识和健全人格；具有良好的团队协作精神和高度的社会责任感。

C2. 文化素养：掌握一定的人文社科基础知识，具有较好的人文修养；具有国际化的视野和现代意识。

C3. 身体素养：接受严格的体育技能训练，拥有良好的身体素质。

第四节 "体医融合"的前景

促进国家健康水平的发展，在于树立"大健康""大体育""大卫生"理念，保障和促进全民健康，最终实现大众身体、心理及社会三个层面的完全健康。

一、国内"体医融合"的发展现状

"体医融合"在我国刚刚起步，部分城市开始实行的"体医融合"大多在模仿国外的"体医融合"模式。早在新中国成立之初，"体医融合"模型已初见雏形，但因为不健全的医疗、体育系统，结合得并不明显。现在，我国经济社会不断发展，体育实力不断增强，现代医疗水平大幅提升，"体医融合"是社会发展的必然趋势。"体医融合"是体育和医学相互渗透、补充、促进，实现运动医学、康复医学、医学营养、保健体育、健康评估、运动处方等学科结合。其受众较广，对于疾病、亚健康人群及健康人群，均可以通过体育干预，结合医疗的诊断、监督及评价促进健康。目前我国"体医融合"呈现三个发展阶段：萌芽阶段，"体医融合——形神分离"；确立阶段，"体医融合——形神兼具"；发展阶段，"体医融合——形神一体"。但是，这些均未实现真正的融合，而是基于利益，有侧重地发展。在北京、上海等经济发达地区，"体医融合"试点已颇有成效，然而在次发达地区及贫困地区效果并不明显，地域发展极不均衡。即便有"健康中国""全民健康"等政策，"体医融合"并未实际改善我国公民体质，慢性疾病患病率也没有明显改善，其无法平衡公众对健康的追求及"健康中国"的建设目标。

体育事业发展与国家战略密切相关。我国的体育事业发展要积极服务于国家发展战略，充分满足国家利益的发展需求。体育曾有着鲜明的政治色彩,在国家外交方面扮演重要的战略角色。北京奥运会后,"奥运奖牌热"的观念逐渐消失,更加强调其对身体健康的重要作用。

国家颁布《体育发展"十三五"规划》《全面健身计划(2016—2020年)》《"健康中国2030"规划纲要》,强调提升全民族健康素质,明确要求推动形成"'体医融合'的疾病管理与健康服务模式"。"体医融合"成为形成健康生活方式的必要手段,建设"健康中国"的充分条件。现在,我国体育产业处于发展"新常态",即深化产业融合。《国务院关于加快发展体育产业促进体育消费的若干意见》明确提出"促进体育产业与其他产业相互融合""积极拓展业态,促进康体结合,鼓励交互融通"等促进融合的任务要求。

《"健康中国2030"规划纲要》将"共享共建"作为建设"健康中国"的战略主题,在相关章节中专门论述了"发展健康服务新业态、培育体育医疗康复业"与"积极发展健身休闲运动产业"等问题,对体育产业融入健康产业发展进行了战略规划。现在,我国"体医融合"发展机遇广阔:国家层面的方针政策为"体医融合"奠定发展基调;产业融合成为"体医融合"发展的新路径;国民的健康需求呈多层次、多样化,成为"体医融合"发展的新动力。大健康产业的重要组成部分是体育产业,业态创新和产业融合发展已成为发展之势。

2013年调查资料显示,"与2008年相比,我国慢性病患病率上升了9个百分点",相当于增加了1.2亿病人。

慢性病发病人数的急速增加,使大量医疗卫生资源被占用,医疗机构无法有效分流,难以满足国民对医疗的需求,导致供需矛盾日益严重。故而,"体医融合"成为解决上述问题的有效途径,其具有低成本、长受益、主动性的特征,采用"体育+医疗"这一更为有效的"上游策略",减少人们对"药罐子"的依赖,使部分慢性病患者的治疗场所从医院分流到健身场所,减轻医疗部门的工作负担,从而减轻看病端、治病端的医疗供给压力,达到缓解医患矛盾、优化医疗资源、减轻财政负担的目标。

现代医疗卫生服务以治病的药物和手术为研究核心。但是,药物治疗的目的在于控制、消除疾病。当前,要根本解决问题,促健康就要重预防、治未病。作为对抗亚健康、降低慢性病患病率最有效的方式,体育运动具有全周期、全人群的保障特点。过去,人们只能"求医问药"来被动地减轻疾病、促进健康,并没有根本地解决问题。而现在,以体育运动的方式代替或部分代替医疗手段,采用"体医融合"模式,成为慢性病患者、亚健康群体和康复人群迅速恢复健康的重要手段,是"大健康、大卫生、大体育"健康新观念的集中体现。

二、预防医学与体育学融合的发展前景

以苏州为例,市区统筹范围内的参保人员,其参加职工医疗保险的往年账户通常有结余金额,他们可按规定申请将医保个人账户金额划转入"阳光健身卡"健身专用账户,可持卡在全民健身活动中心指定的场馆内使用。近年,"阳光健身卡"的申领人数呈逐年上升趋势,可见苏州市民开始接受"预防保健、强身健体"的运动观念。苏州市"阳光健身卡",将传统被动的"有病治病"变为主动的"无病预防"。"一卡通"的合作方式将医保部门的技术终端、社保资金的划拨管理与大众的申请、使用联结起来,简单易行,适用范围广。

据苏州市全民健身活动中心负责人介绍,"阳光健身卡"是芯片卡与磁条卡合一的双界面卡,由光大银行负责开发技术程序,全套软件经过调整、升级,投资超过几十万元。通过政府、体育部门和金融机构的三方合作,满足大众对金融服务和健康生活的双重需求,同时,体育场馆和银行也从中获益,取得多赢的效果:不仅促进经济社会繁荣,还帮助民众身体健康。我国幅员辽阔,南北跨度大,东西内陆纵深长,气候差异明显,饮食结构、生活习惯差异大,城乡收入水平不均衡。诸多不同区位因素,表现为当地人口的健身水平、易患疾病存在差异。故而,应充分考虑我国国情,通过区别对待或按一定纳税比例进行相关资金的划拨等方式因地制宜制定新型健身模式政策,切勿"一刀切"。以我国东部人多、经济相对发达的地区为核心,向西部及乡镇地区呈辐射状发散,最终覆盖全国。在合作体育场馆的选择方面,苏州市全民健身活动中心建立了自己的评估标准,完善管理机制,及时检查。健身场馆是整个健身模式中的核心场地,其好坏直接影响参与人群的积极性,是发展群众体育的关键。其选择要统筹兼顾,既满足大众健身需求,价格合理,又要考虑场馆的经济利益。

在推广过程中,应以实际需求为基础,体育部门与医疗部门要加强沟通,由体育部门发布政策标准,确定"体医融合"项目合作的健身场馆。召开听证会,体育部门、健身场馆代表、健身群众代表共同商讨,制订"体医融合"

项目持卡健身的费用标准及价格减免等优惠措施。另外,通过税务部门,利用税收在市场的杠杆调节作用,对合作健身场馆实施税务减免。苏州"阳光健身卡"的成功还有一个重要原因是建立健全完善的监督机制。金融部门采用专业技术划拨资金,划价方与拨款方分开管理。同时,不定期抽查、暗访合作场馆,严查、严罚乱用"阳光健身卡"行为。加强宣传乱用的危害性及严重后果,从源头处、根本上使持卡人厌恶、抵触乱用"阳光健身卡"的行为。

　　另外,苏州社保中心定期收集来自群众、体育、医疗、金融、健身场馆的反馈信息,针对反馈及时调整,以完善管理制度,高效利用国家资源,减轻系统负担,实现自给自足,达到理想化的状态。"体医融合"的发展立足于我国的国情,有助于大众健康,从而促进我国社会健康平稳发展。

第三章 预防医学与"体医融合"

第一节 预防医学

一、预防医学的定义

作为综合实践性很强的应用学科,预防医学可以提升学生的综合技能,增强发现问题、分析问题和解决问题的能力,是培养高素质预防医学人才的最核心环节。《纲要》强调以预防为主,减少疾病发生。这就要求预防医学专业增强公共卫生综合实践能力,适应政策需求。部分发达国家已经形成较完善的预防医学实践教学体系,如美国、日本等,在本科教学过程中,增加了公共卫生理论和技能培养,具有规范化和统一化的特点。美国公共卫生教育提倡基于能力教育模式,把实践作为培养能力核心内容,要求教育机构与实践者共同推进。公共卫生综合技能培养是预防医学教育的关键内容,但是,在我国,现阶段所有开设预防医学专业的医学院校,仍采用分学科实践教学的培养方式,没有设置针对公共卫生综合技能培养的课程,没有建立统一的综合技能的评估体系。为了解预防医学专业本科生公共卫生综合技能培养现状,本书对预防医学专业本科生进行问卷调查,旨在分析预防医学专业学生公共卫生综合技能培养方面存在的问题,并提出相关建议。

预防医学是医学科学体系的一部分,是研究预防和消灭病害、讲究卫生、增强体质、改善和创造有利于形成健康的生产环境和生活条件的科学。与临床医学不同的是,预防医学以人群为对象。从个体医学到群体医学是医学发展的趋势之一,群体和群体医学方法是彻底解决医学问题的重要方法。

预防医学强调预防,遵循"环境—人群—健康"的模式,运用现代医学,研究环境对健康影响的规律,制定减少患病的方案,以促进健康、减少伤残和疾病。预防医学具有以下特点:受众群体包括个体和群体,主要以健康和无症状患者为主,重视预防功能,兼顾人群健康效益,强调采用微观和宏观结合的研究方法,重点研究环境与人群健康之间的关系。

预防医学通过研究人体健康与环境因素之间的关系,采用现代医学及其他科学技术手段,制定疾病防治策略与措施,从而控制疾病、延年益寿。随着医学模式不断发展,预防医学的重要性越发显现。

预防医学研究影响健康的因素及其作用规律,阐明环境因素与人群健康的关系,以制定公共卫生策略与措施,提高生命质量。预防医学是从医学中分化出来的一个独立的学科群,在过去,预防医学在群体疾病,尤其是传染病的防治方面做出了重要贡献。21世纪以来,生物环境、社会环境不断改变,导致疾病谱转移。故而,必须调整预防医学的概念和模式,以满足新时代的需求。本节就国内外预防医学的概况、动态进行简要的综述,并对其应对策略和发展方向进行初步探讨。

二、我国预防医学的发展

1. 预防医学的概念日趋完善

早在2000多年前,我国《黄帝内经》就提出了"治未病""无病先防""既病防变"等概念,明确了预防为主的原则。现代预防医学的发展大致经历了三个重要阶段:个体预防阶段、群体预防阶段和社会预防阶段。第一,个体预防阶段,也被称为经验预防阶段,是预防医学的初级阶段。由于社会发展水平低,预防措施主要以个人为主。第二,群体预防阶段,也称实验预防医学阶段。工业革命开始后,自然科学的发展推动了医学学科的发展,也为预防医学的发展提供了理论基础和实验手段。同时,随着生产的社会化,城市人口激增,造成职业病、传染病剧增,在与传染病的斗争中,人们逐渐认识到群体预防的重要性,开始由个体预防转向群体预防。第三,社会预防阶段,也称社会及人类预防阶段。20世纪下半叶,人类疾病谱变化明显,影响人类健康的主要疾病不再是传染病,而是心脑血管疾病、糖尿病、恶性肿瘤等非传染性疾病。人类的健康观念从"无病就是健康"开始转向"健全的身心状态和社会适应能力",预防医学开始转向社会预防为主。

2.预防医学的模式逐渐转变

随着疾病模式的转变和基础科学的发展,预防医学的模式也随之变化。现代医学模式不再是单纯的生物医学,而是向生物—心理—社会医学模式转变。预防医学作为医学的一个重要分支,其模式也发生了重要变化。作为促进健康的重要方式手段,现代预防医学中,人的社会属性和生物属性同样重要,社会、心理因素对健康的影响愈发显现。当前,疾病谱中慢性病所占比例提升,糖尿病、心脑血管疾病、恶性肿瘤等慢性病的死亡率占全世界所有死亡原因的 1/4 以上,中国慢性疾病的危害也愈发严重。目前认为慢性病可能由遗传因素和环境因素引发,但发病原因仍不明确,不过公认高效的干预措施和合理的健康教育可以降低慢性病的发病率。经过 30 多年的发展,我国在慢性病流行病学、慢性病的预防、慢性病监测、慢性病流行的心理学、慢性病经济学及法学、危险因素控制等方面均有所突破。

3.预防医学的研究范围更加广泛

近年来,随着预防医学的研究领域不断延伸,研究方法不断发展完善。流行病学不仅仅在传染性疾病领域得到应用,在慢性非传染性疾病、伤害等领域也逐渐开展。流行病学的研究方法和理论愈趋成熟,已经成为预防医学的基础学科和现代医学的重点学科,被誉为"公共卫生之母"。作为预防医学领域中一门重要的新兴学科,社会医学以新健康观的形成和医学模式的转变为核心,通过分析社会因素对个体和群体健康、疾病的影响及规律,从社会学角度制定措施,增强身体健康,同时,保护人们的社会活动能力,以提高生活质量。社会医学没有被传统健康测量的局限性所限制,通过自身建立的新指标来衡量健康程度,评价疾病或健康状态,扩展了社会医学学科研究领域。30 年来,社会医学在中国快速发展,成为预防医学领域的关键内容,促进卫生事业现代化管理。

4.预防医学面临的挑战

随着经济不断繁荣,人们越来越重视健康,但仍存在不少影响健康的因素:①新型传染病、慢性非传染性疾病威胁加重,传染病仍是威胁生命健康的头号杀手,非传染性疾病的研究和防治成为预防医学的关键课题;②人口老龄化导致老年性疾病增多,老年群体的健康问题成为亟待解决的首要任务;③心理健康疾病暴发迅猛,精神卫生问题愈发严峻;④意外伤害发生呈增长趋势;⑤世界范围内环境恶化、污染严重;⑥食品安全问题不容乐观;⑦不良生活习惯导致的患病已成为人类死亡最重要的原因之一,如吸烟、酗酒等。

三、预防医学的前景

预防医学是医学的组成部分,有利于防治疾病、保护人民健康。现代预防医学不断完善其概念,研究手段、研究范围不断扩展,具有社会化、多元化、国际化的方向特点。在未来,预防医学与分子生物学等基础医学及临床医学的结合将愈发紧密,以应对新挑战,实现"人人享有基本医疗卫生服务"的宏伟目标。

1.分子生物学技术的发展和应用

分子生物学从分子水平角度研究生命现象,通过研究生物大分子的结构、功能和生物合成等方面来阐明各种生命现象的本质,涵盖生命的全过程。近年来,分子生物学技术迅速发展,与预防医学的结合密切,创新疾病控制的方法,推动预防医学迈入新阶段。通过分析易感基因,筛选携带易感基因型的人群,有针对性地采取预防措施,可以有效进行疾病防治。疾病的分子生物学标志物经研究,可以做到在亚临床阶段早期发现患者,提前进行干预,防止患病。分子流行病学的研究有助于发现病原微生物的蛋白质和核酸分子结构的变异,阐明感染性疾病的流行病学特征。利用分子生物学技术还能够高效地生产疫苗和生物药品。药物基因组学可以预测人群对治疗的反应,从而更好地指导临床实践。分子生物学技术也广泛应用于职业卫生。因此,分子生物学的发展应用于预防医学的全方面,给预防医学的发展提供了前所未有的机遇。

2.预防医学与基础医学和临床医学的整合

疾病的病因和发病机制难以通过单一学科进行解释,因此,基础医学、临床医学和预防医学三者相互交融、相互促进成为必然趋势。认识疾病首先从流行病学中疾病的危险因素开始,而后基础医学明确其作用机制,最终在临床实践中证实。在整个认知过程中,预防医学、基础医学和临床医学的研究往往交替进行,以深化对疾病的认识。三者的有机整合需要以公共卫生为主导,开展健康教育宣传,加强建设社区疾病防控机制,控制危险因素,来促进国民身体健康。在治疗疾病时,临床医生应提供预防保健和健康教育服务,使居民得到综合性、连续性、协调性的服务。建立预防医学网络,有效进行疾病防控与救治,加强突发公共卫生事件的协调与控制,提高突发公共卫生事件的应急能力。

3.加强预防医学科研核心竞争力

在我国,高等院校、科研单位和各级疾病预防控制中心是预防医学科研的依托单位。科研核心竞争力是科研事业单位在进行科学研究、技术开发和争取经费来源过程中所表现出来的特有能力,代表科研成果和理论的积累,是协调科研能力与管理能力、获取外部经费支持的多种综合能力。增强预防医学科研核心竞争力要求强化人力资源管理,要求了解我国疾病预防控制机构人力结构现状。

四、预防医学的实践模式

预防医学的实践模式主要有以下几种:第一,健身俱乐部;第二,社会保障卡;第三,"医保卡健身";第四,医疗保险。

1.健身俱乐部

2013年,全球体育产业年增加值约为9000亿美元,其中美国的增加值高达4500亿美元,占全球该行业的一半,且约占美国该年GDP的2.93%,法国则占GDP的2.85%,而我国仅为3100亿元人民币(约合500亿美元),占GDP比重仅0.56%。美国商业化迅猛发展,其体育产业已经成为全国十大经济支柱产业之一,而我国的体育产业刚刚进入初级市场化,差距明显。在我国,体育产业性质为公益福利事业,正是由于这一特殊的定位和国情,国家财政划拨巨额资金来支持其发展。财政拨款、体育彩票公益金收入和产业自身发展利润构成我国体育经费的三大经济来源。当前,全球人均体育投入232美元,而我国仅为25美元;体育产业自身发展利润能力严重受限于群众的体育消费热情。2008年至2013年,我国在体育方面的财政拨款力度逐年增大,2013年国家在体育方面的财政支出较2008年增加了50%。然而,巨大的资金投入并没有转换成为对税收的直接贡献。

健身俱乐部起源于20世纪60年代的美国,经过50多年的发展已经具有了先进的健身俱乐部管理理念和模式,形成了比较成熟的健身市场,并且创造了巨大的经济效益与社会效益。郑玉霞等(2008)根据我国健身俱乐部发展的过程做出明确划分:萌芽阶段、初步发展阶段和快速发展阶段,并提出当前我国的商业健身俱乐部正处于初步发展阶段。20世纪80年代,我国城市社区开始出现经营性体育健身场所,20世纪90年代改变了以往传统健身俱乐部的经营理念,不仅针对健身人群提供健身器械和场所,而且能够为一些老年人和慢性病患者提供适合自己的运动处方等其他服务,同时一些俱乐部还可以为运动员提供专业的健身指导和运动损伤的预防与康复,这就极大地扩展了受众人群的范围。这种新型的俱乐部的多重运作模式,实现了社会服务的最优化和商业利润的最大化。

(1)健身俱乐部的评定要求

通过查阅各地政府发行的定点俱乐部相关政策,发现对这类俱乐部的评定要求较高。此处以烟台市为例。烟台市对定点健身俱乐部的要求如下。

一是具备独立法人资格,连续经营时间在1年以上。二是遵纪守法,诚信经营,不损害国家利益、社会公共利益及其他组织和公民合法权益。三是综合性运动健身场馆的建筑面积不少于1200平方米;乒乓球馆的乒乓球台不少于10张,球馆使用面积不少于600平方米;羽毛球馆场地不少于6片,使用面积不少于800平方米;乒乓球、羽毛球"二合一"球馆,乒乓球台不少于6张,羽毛球场地不少于4片,使用面积不少于800平方米。

(2)健身俱乐部的不同发展阶段

我国健身俱乐部的发展有3个阶段,第一阶段:力量型健身(20世纪80年代初至90年代初)。此阶段特点是俱乐部投资规模小、参与人数较少。以男性顾客为主,强调专业化塑造体型。第二阶段:有氧健身(20世纪90年代初至90年代末)。随着国外有氧运动的不断发展,引领国内健身俱乐部的发展。在国内,有氧健身理论迅速普及,俱乐部经营规模开始扩大,开始实行会员制。1990年,随着中央电视台马华《健美五分钟》节目的热播,国内开始掀起一股健身热潮。第三阶段:时尚健身(2000年至今)。进入21世纪,健身俱乐部飞速扩张,俱乐部投资人开始出现,成为大型俱乐部成立的资金保障。俱乐部的经营管理水平提升的同时,开始转变经营理念。健身市场不断发展,俱乐部开始抢夺有限的白领健身人群,通过管理型团队、专业的营销方式、丰富的经营手段,形成价格竞争,导致其经营风险开始显现,无法保障部分会员的权益等问题凸显。21 世纪以来,城市人民生活水平大幅提高,健身意识不断增强。特别是 2001 年北京申奥成功,在我国迅速掀起了体育健身的热潮。这一时期,国内大型俱乐部如雨后春笋般出现,如浩沙、英派斯、青鸟、一兆韦德、力美健等;国际知名品牌被引入国内,如健乐菲利斯、倍力、宝力豪、加州健身等,我国健身市场进入快速发展时期,特别是 2004 年以来,我国的健身服务业更是呈现井喷式增长,各种规模的健身俱乐部不断出现,其中更是有大型连锁品牌俱乐部。

（3）健身俱乐部存在的不足

①我国的健身行业市场仍然是处在飞速发展的初级阶段,行业标准的统一存在一定缺陷。

②管理水平和专业程度较低,在这一时期内"投机者"普遍较多,以相似模式经营的竞争较多,很少有自我特色,营利模式单一,因此导致了恶性低价竞争。

③与此同时,健身俱乐部的经营成本、租赁成本和人工成本加大,导致部分会所收益甚少或者亏损。

（4）健身俱乐部的数据统计

21 世纪初,健身服务业内个别会所出现的暂时停业事件给行业带来了一定的冲击。中国产业信息网发布的《2014—2019 年中国健康服务产业运营监测与投资前景研究报告》显示,全国 63 个城市的健身俱乐部总数由 2010 年的 3245 家减少到 2011 年的 3234 家,减少了 0.3%;同期会员总数由 2010 年的 454.05 万人减少到 449.57 万人,减少了 1.0%。2011 年以后健身服务业呈现调整和逐步恢复增长的趋势,数据显示,全国 63 个城市健身俱乐部总数由 2011 年的 3234 家增长到 2012 年的 3346 家,增长了 3.5%;同期会员总数由 2011 年的 449.57 万人增长到 483.86 万人,增长了 7.6%。

2. 社会保障卡

社会保障卡是指由人力资源和社会保障部统一规划,由各地人力资源和社会保障部门面向社会发行,用于人力资源和社会保障各项业务领域的集成电路卡。持卡人可以凭卡就医,进行医疗保险个人账户实时结算,还可以办理养老保险等事务。医疗保险是为抗御患病风险而建立的人身保险,通过合同的方式,由受疾病威胁的人提前缴纳医疗保险费,建立起医疗保险基金,被保险人患病并去医疗机构就诊而发生医疗费用后,由医疗保险机构给予一定的经济补偿。

医疗保险具有保险所具有的两大主要职能:风险转移和补偿损失。被保险人通过医疗保险获得补偿的形式可以有两种:一是保险机构将医疗费用先行支付给医疗机构,被保险人在患病后可以从医疗机构直接得到免费或部分免费的医疗服务;二是在医疗机构就诊时,被保险人先自行支付所需要的医疗费用,然后凭费用明细单到医疗保险机构报销,以获得一定比例的经济补偿。医疗服务供需双方的行为受不同的补偿形式的影响,从而进一步对医疗费水平产生影响。

我国社会保障制度发展迅速,社会保险总支出从 2005 年的 5401 亿元达到了 2011 年的 18055 亿元,并且社会医疗保险业在不断地发展,从 2005 年到 2011 年增长了 4.1 倍,在整个社会保障中的地位不断地提升,说明社会各阶层逐渐认识到了社会医疗保险的重要作用,也加大了对其的重视。从 2005 年到 2011 年,我国社会医疗保险在城镇地区得到了迅速的发展。农民越来越关心医疗保险等民生问题,从 2006 年到 2011 年,农民参加农村医疗保险的人数在不断地扩增。而社会基本医疗保险基金总收入也从 2005 年的 1405 亿元发展到 2011 年的 5539 亿元,增长了 2.94 倍,且在支出方向上也在不断增加,说明我国的医疗保险制度在不断完善,累计结存也波动上升。

在整个社会医疗体系中,我国参加城镇基本社会医疗保险的人数占参加医疗保险人数的 85% 以上,说明城镇居民更重视医疗保险。基本医疗保险基金总收入从 2005 年到 2011 年收入明显增加,且支出方面由 2005 年的 1079 亿元发展到 2011 年的 4431 亿元。这些数据说明了我国的社会保障制度在不断完善,结构趋向于合理。刘一平(2006)提到,体育活动不单单是强身健体,而且有利于人们完善人格和健康生活方式的形成,提高人们的身心健康水平与生活质量。综上所述,"医保卡"也就是医疗保险,从本质上来讲就是为了健康服务的,减少人们在疾病上的花费,另外医疗保险的结余每年都在上升,这就造成了一定的资源浪费,可以说使用医保卡结余用于健身消费在一定程度上鼓励人们去积极地参加健身活动,也起到了强身健体、预防疾病的功效。

3."医保卡健身"

（1）美国关于"医保卡健身"的相关研究

美国一些健康方面的专家在 20 世纪就提出了"体医融合"这一概念,可以说是最早尝试将体育和医疗进行结合的国家。当时的美国工业逐步发达,越来越多的生产机械替代了传统的手工劳动者,当地居民的体力劳动越来越少,这就造成了"文明病"的产生。这一现象引起了体育和医学两界专家的共同关注,对这一现象的研究越透彻,就越来越了解到体育活动的重要性,体医两界的专家也都认识到了体育和医疗结合的重要意义。

罗竣升和陈齐（2008）介绍道,在 20 世纪 80 年代,美国医疗机构希望由以前的以"有病治病"为工作中心转移到"无病防病"上来。在明确转型的目标后,医疗机构与健身机构进行了积极沟通,并希望能够达成合作关系。但是这种一厢情愿的沟通并没有产生理想的效果,健身机构并没有同意这次合作。因此医疗机构只能自己建立康复中心,并尝试通过体育锻炼和医疗手段并用达到"无病防病"的目标。但由于没有足够的市场经验和技术手段,最后的实际效果并不是很理想。

这种情况一直持续到 20 世纪 90 年代初期,医疗机构并没有放弃最初的目标,仍希望能够和体育行业进行合作,来更好地为社会服务,并且这项工程需要大量的专家进行"支援"。与此同时,一开始并不想参加的体育行业也认识到了与医疗行业合作的重要性,自此体育和医疗才真正地开始了结合发展,美国也走上了体育与医疗相结合的尝试阶段。这种新型的俱乐部开始走进人们的生活,有效地互补了以往传统的医疗机构和健身俱乐部的职能,并且实现了社会职能的最优化（何珂,2017）。

美国的这种新型的俱乐部实施过程中,由以往传统的健身俱乐部提供硬件支持,并且负责运营,医疗和体育两界的专家提供技术上的指导和帮助。这种新型的俱乐部通过健身模式功能性运动筛查来最大限度地降低运动损伤的风险。功能性运动筛查（FMS）主要包含七个方面。

①深蹲。作为功能性运动的组成部分,深蹲模式体现核心稳定性、四肢灵活性和姿势控制能力,髋、膝、踝和肩两侧对称的功能灵活性和稳定性。平时生活和工作中,深蹲模式并不常用,但其基本动作是运动的构成基础。标准的深蹲需要受试者运用全身力量并控制自身神经肌肉。通过举长杆超

过头顶,来判断肩关节、肩胛区、胸椎的灵活性和稳定性,并保持骨盆和核心肌肉的稳定。

②跨栏步。跨栏步模式是构成移动和加速运动的基础,可以检测跨步功能中的代偿动作或不对称性。跨栏步测试挑战受试者运用踏步和跨步的基本力量,同时检测受试者单腿站立时的稳定性和控制力。这一动作需要左右髋部在运动时相互协调,保持稳定的能力;在不对称的动作中,当一侧承受身体重量时,另外一侧可自由移动。完成这一动作模式时,必须保持骨盆和核心始终平稳。长杆水平置于肩后,双手握住长杆,使测试人员可以更容易观察到受试者在跨栏步动作中上身和躯干是否保持不动。基本的跨步动作中出现上身过度移动可视为代偿动作;灵活性、稳定性、姿势、平衡性良好且正常发挥作用时,不会出现上身过度移动。跨栏步可以测试髋部两侧、双膝、双踝的灵活性和稳定性。这一测试还能让测试人员得以观察功能的对称性,因此也可以测试骨盆和核心的稳定性和控制力。

③直线弓步蹲。直线弓步蹲动作模式是锻炼、日常活动和体育运动中减速、转向运动的一个动作构成。直线弓步蹲所要求的动作和控制比许多日常活动要高,但它可以为基本动作模式下的左/右功能提供快速评估。这一动作模式下的身体姿势着重模拟旋转、减速和侧向运动产生的压力刺激。两脚距离狭窄,要求受试者从一开始就有足够的稳定性,并能在髋部不对称的姿势下使髋部两侧平均受力,持续有力地控制骨盆和核心。直线弓步蹲让下肢处于前后劈叉姿势,同时保持上肢呈相反或相对模式。这模拟了上肢与下肢处于交互模式下的平衡能力,对脊椎稳定有特殊要求。

④肩部灵活性。肩部灵活性动作模式可以检测肩关节区域、胸椎、胸廓在上肢交互动作中,肩部是否能够自然互补。尽管完全相对的背后抓取动作模式在基本活动中并不会出现,但它运用到主动控制的每个部分,极少出现代偿。排除代偿即可清楚地观察运动能力。颈椎和周边的肌肉组织应当保持中立位;胸背区域应当自然扩展,一侧上肢向内旋转,伸展并内收,另一侧上肢向外旋转,前屈并外展。

⑤主动直腿上抬。主动直腿上抬看上去最不像功能性筛查,但不要因为它太简单而被迷惑。这个动作模式不仅可以识别髋关节屈曲的主动灵活性,还可以判断动作模式内核心的初始和持续稳定性以及另一侧髋关节的伸展性。与其说这一动作是测试髋关节屈曲,不如说是评估平躺时下肢分

离能力,必须充分发挥多关节肌的灵活性才能完成此动作。臀大肌/髂胫束复合体和腘绳肌是最容易导致屈曲限制的人体结构。体腰肌等骨盆前侧肌肉群常见伸展限制。该动作模式考验保持盆骨和核心稳定时的下肢分离能力,还考验腘绳肌肌腱和小腿三头肌在保持骨盆稳定、另一侧腿伸展状况下的灵活性。

⑥躯干稳定俯卧撑。躯干稳定俯卧撑是一种特殊的单次伏地起身练习。它是观察反射性核心稳定的一种基本方法,并非测试和考量上身力量的方法。该动作模式是以上肢撑地,不借助脊椎和髋部运动完成动作。这一动作模式测试受试者在上身对称推闭链运动中稳定脊椎在同一矢状面的能力。

⑦旋转稳定动作模式。通过上下肢配合动作观察受试者多层面的骨盆、身体核心部位和肩带稳定性。这一动作模式是一个综合性的模式,需要恰当的肌肉神经协调,要求能量通过躯干传送。它源于我们发育顺序中排在爬行之后的匍匐动作模式。该测试有两个重大意义:它能展示横截面的反射稳定性和重心转移能力,还能体现基本攀爬动作模式中观察到的灵活性和稳定性的协调能力。

(2)美国医疗保险与健身服务结合的成功经验

当前,美国医疗保障体制最为复杂,由公共部门、非营利性组织和私人部门共同组成,而以私人商业医疗保险为核心。其核心特征有以下四方面:第一,核心是私人保险。第二,基本医疗保险并未覆盖全体国民。第三,医疗保险可以由雇主提供,与就业岗位密切相关。第四,医疗保险费用高。美国的医疗保障体制与中国的医保系统完全不同。美国经济体制的市场化程度高,使"体医融合"的经营模式具有很大的合作空间。双方合作,市场经济占有 70%,老人和贫困家庭的部分由政府承担,但是这仅仅是很少的一部分,只占总数的 20% 左右,另外还有 10% 未参加医疗保险。但是在我国,条件并不成熟。目前,即使鼓励医院灵活经营,但我国的医疗体制仍然由国家承担主要责任,市场化程度较低。投资方若要进入医院,资金支持必不可少,同时发改委、国资委、卫生部、财政部等部门需要同意批复,复杂的流程不利于"医保卡健身"的迅速发展。因此,建立开放灵活的发展平台,加强监督适度放权同样重要。

私人商业医疗保险是美国的医疗保障体制的核心。中、美两国医保体制的差别,引发具体措施与运用的截然不同。在美国,医疗保险与健身关联密切。第三方销售、管理医疗保险,不同的州承保的第三方也不尽相同,导致相关的政策、福利有所区别。唯一的共同点就是健身次数与返还金额成正比。

弗吉尼亚州的承包公司叫作 Optima Health,其制定的健康保险计划叫作 Optima Fit Reward Program。根据该计划规定,21 岁以上办理健康保险的初级用户,最高可以领取高达 275 美元的奖励,其中包括 100 美元的健身费用以及 175 美元的现金奖励,所有健康保险都有该项福利。

威斯康星州的承包公司叫作 Unity Health Insurance,这个公司的医疗保险项目叫作 Fitness First。其保险计划包括:18 岁以上的人,每年最多获得 200 美元的奖励,可以到指定的健身房进行健身消费。如果是个人的健康保险,可以获得 100 美元的奖励在指定健身房进行健身,另外还有 100 美元的奖励可以获得健康课程,参加瘦身项目或者购买农产品,也可以把 200 美元全部通过指定健身地点进行健身。不同保险用户要求达到的健身量也不同,购买保险价格越低的用户需要健身的次数越多,这样才能够返还给用户相应的奖励。

纽约的 Affinity Health Plan 公司发布 Fitness Rewards 项目鼓励用户锻炼身体。会员用户参与该计划后,在半年时间内,在健身房超过 50 次,则由该公司支付全部费用。

(3)日本体育与医疗结合运作模式的相关研究

日本同样重视体育与医疗的结合发展,"体医融合"的主要表现形式是医院必须提供有氧健身设施,并且这种模式已经存在了数十年。日本《医疗法》第 42 条规定:医疗机构为预防疾病而设的附属于该机构的有氧运动设施,其职员配置、设备标准及经营规模须符合厚生劳动省(相当于我国的卫生部)的相关规定,如职员须具有相关资格认证、设备标准齐全等。

在日本,体育与医疗相结合的模式与美国早期"健身康复中心"存在相同之处,其根本目的都是增强国民身体素质,减轻国家医疗负担。另外,日本的法制建设也较为完善,值得我国借鉴,日本政府以法律为工具强制这种模式的实施,这种以法律来约束的做法,在实际的实施过程中能够具有更强的公信力,从法律层面保障其快速发展。相对日本而言,我国在此方面仍然处于初期发展阶段,具体的实施方式还需要一段时间的磨合和探讨,更不用说通过法律来限制这种模式的实施。在这方面,日本的法治观念可以推广。

（4）英国体育与医疗结合的运作模式

一些发达国家依据其人口体质、经济水平和传统文化等,早在 20 世纪 90 年代就陆续颁布了各自的全民健身计划。其主要模式相似,但是其侧重点有所不同。例如,英国重点是将体育和娱乐结合发展,加拿大则是强调健康向上的生活态度。2012 年,我国体育产业的税收贡献为 90 亿元左右,但 2012 年全国公共财政体育支出为 272.49 亿元,体育税收不足财政支出的 1/3。相比之下,体育产业增加值占比较高的国家早已完全实现税收盈余。早在 1989 年,英国政府从体育产业获得的税收便是当时体育支出的 5 倍,美国这一数字则是 4 倍。因此,要想早日实现体育税收对体育财政支出的完全覆盖甚至盈余,政府必须大力支持体育产业的发展,引入多元化资本盘活整个产业,将体育产业的蛋糕做大,从而早日实现体育产业税收对国家财政的贡献,减轻财政支出的负担。

4. 医疗保险

（1）我国医疗保险现状

我国医疗保险个人账户设立,如果是从 1998 年算起,那么已经有 22 年了,通过设立此类账户,强调个人在医疗保险市场中的作用,有两个目的:一是控制医疗费用;二是积累医疗保险基金。1994 年,基于医疗保险制度改革试点的成功经验,国务院制定了详细的实施方案。1998 年年底,《国务院关于建立城镇职工基本医疗保险制度的决定》颁布,开展"城镇职工医疗保险制度"改革,至此开始管理医疗保险账户。广大民众获得切实利益,但多数个人医疗保险账户上的"余额"也随之增加,造成资金浪费,不能为更多的民众提供服务。国民健康关系着公民个人,也关系着国家社会、经济、文化发展。

2002 年,世界卫生组织（WTO）表示:公民的健康责任主要由个人主观意愿、生活环境和经济能力决定并承担,但作为政府必须予以保障并给予相应的帮助,营造一个使居民养成和保持健康生活方式的体育和社会大环境。加强政府干预和资金投入,完善居民健康政策,提高全民文化和健康水平,是提高我国居民生活质量和促进和谐社会发展的基本国策,也符合习近平总书记提出的建设文化强国的基本概念。医疗保险在保障国民健康的同时,应当丰富其形式。

中医从辨证的方法出发,提出健康应以预防为主——"治未病"的理念。在患病前,增强体质、强身健体,结束亚健康体质。解决健康问题,提供健身服务是根本,治疗是事后补救措施。由此,预防疾病比治疗更为关键。故而,把用于治疗的被动巨额资金投入分流出一部分用于文化与体育健身的主动投入预防体系中,不仅可以提升居民的生活质量和文化生活水平,还可以防患于未然,降低患病率。

我国医疗保险制度改革开始将健身服务纳入居民医疗保险范畴,合理分配国家有限资源投入,促进全民身体健康,推进国家体育发展新形势转变。当前我国医疗保险账户的用途主要有:医疗保险诊疗项目的刷卡消费、定点医疗机构刷卡消费、定点零售药店刷卡消费及部分地区可以利用医保卡消费生活用品等。苏州市支持医疗保险账户支付健身消费的举措在全国引起广泛关注。

(2)我国医疗保险浪费问题严重

我国医疗保险账户余额存在严重浪费的问题。通过采取措施合理运用余额可以降低医疗投入,同时推动发展其他产业。健身与医疗保险关系密切,身体好可以少看病,多运动可以帮助身体健康。《纲要》明确了"体医融合"的必要性。那么医疗保险账户支付健身消费到底是否适合我国,我国目前开展的情况又是如何,在运行中存在哪些问题需要改进,都是需要探讨的问题。如深圳人员流动性相对较大,城市年轻人占大多数。参保人员在缴纳医疗保险后,只有少部分用于看病,甚至有的医保账户的余额高达五位数。根据国家规定,医保卡余额不支持提现,导致部分参保人员无法享受其福利,引发虚报病情、"小病大治"、购买保健品、转手买卖、非法牟利等现象,严重违背国家造福国民的初衷。用医保卡余额购买健身服务,在保障居民健康的同时,可以高效利用医疗保障资金,开拓社会保障资金利用的新方式。

目前,余额浪费是我国医疗保险账户存在的极为严重的问题,作为医疗支出的关键构成,其严重阻碍我国的医疗资金有效利用。截止到2012年年底,我国医疗保险账户结余已高达7644亿元。合理、高效利用该部分资金成为亟待解决的问题。

（3）我国医疗保险浪费原因

相较于发达国家，我国健身水平相对落后，其原因主要有：一是国家在健身领域缺少经费投入；二是社会经济发展不均衡，在健身方面的消费水平略有差异；三是居民的体育消费水平不高；四是由于经济发展水平差异，地区健身机构数量不同；五是经济落后地区没有全民健身中心。各地区经济发展水平差异较大，北上广等地发展水平远超过其他地区，全民健身中心数量较多，而中原地区很少。大范围建立全民健身中心，可以提高人们的健身参与度。体育事业虽然繁荣发展，但在健身方面的资金投入仍然短缺。大力发展体育产业，建立全民健身中心，可以有效推进全民健身。政府对健身的资金投入不足导致居民对健身的需求不高，从而导致居民的体育消费水平过低，这是一个连锁式反应。居民的健身消费水平是体育产业发展的关键因素，同时也是我国体育事业发展的积极因素。加大健身方面的资金支持，在提高居民的健身热情的同时，还可以调动居民对健身消费的积极性，最终推动我国体育产业的长足发展。

五、预防医学存在的问题

当前，预防医学的课程教学改革在我国高职院校开展，但仍存在下列问题：一是推行新型教学模式困难重重。新型教学模式在实际应用中并不广泛，新的问题不断出现，比如学生认为"翻转课堂"中教师—学生的角色转换增加了自己的负担，导致学习兴趣丧失。二是教师对信息化教学理念的认识不深、信息化技术不成熟。新课改要求教师能够在课堂教学中深度融合现代化信息技术，形成基于能力本体的教学理念。但是实际情况截然相反，多数教师使用信息技术困难。三是教学成果评价方式单一，学生自主学习能力不足。传统教学模式缺乏创新性，部分学生对老师的依赖程度过深，灌输式教学使自主能动性和思维能力受限，信息化教学实施和推进难度较大。

第二节　预防医学与"体医融合"

一、预防医学中强调"体医融合"的意义

早在新中国成立的初期,就有学者提出"体医融合"的思想,但由于种种原因,并未得到很好的落实,如今,要使"体医融合"的思想上升到一个新的理论高度,这就离不开医学工作者的带头作用,这就要求医学类专业院校在体育健康教学模式上有所改变。例如将预防医学与体育健康学有机地结合起来。党的十八届五中全会上,提出推进健康中国建设,强调新时代的中国发展,我们必须将人民健康放在首要发展的战略地位,进一步强调了预防医学在人民健康中的重要地位。

预防医学顾名思义,即用医学医疗的健康手段预防疾病的发生、延缓疾病的恶化,预防医学探讨的是机体健康和环境因素之间的关系,并且具体问题具体分析,制定出一系列疾病防御策略,最终目的是保障广大人民的健康。

我们把疾病比喻成一条小溪,一旦生病了,就好像掉进了小溪里,医生就是在下游捞人,他们很辛苦也很尽责地捞着。那么上游的人们除了焦虑惶恐地担忧着何时会掉入小溪中,还可以做些什么呢? 人们对健康越来越重视,追求更高的生活品质,因此有计划地在小溪的上游建立栏杆、围墙,让掉进小溪里的人少一点,最终让我们不得病、少得病、晚得病,有病早发现早治疗。

预防医学是一门实践性很强的学科,我们在学习这门课程时,不仅要熟练掌握相关的医疗知识,还要注重与实践相结合,力求最大限度地为人类健康造福,目前与预防医学相关的专业有卫生监督学、卫生信息管理学、医学营养等专业类学科,但是就目前"现代文明病"发病率逐年增高的情势看,这些学科还不能完全满足人类健康的全面发展需求。预防医学及其相关学科主要凭借提高机体免疫力、消灭致病因子等方式,促进身体健康,而体育锻炼则是通过器官的锻炼减少疾病的发生,两者有共同之处。预防医学是体育健身的理论基础,体育健身为预防医学提供有效的控制手段。

二、预防医学融入"体医融合"的策略

近年来,国内学者们对如何有效地促进"体医融合"的模式方法进行了激烈的研究讨论,但基本上还处在研究的初级阶段。在"如何更快更好地将体育与医疗结合起来"这个问题上,张鲲认为我们要完成的是建立一个完善的体育医疗机构制度,张剑威和汤卫东(2018)认为当下我们要做的应该是加大"体医融合"这个思想的宣传力度,首先让人民群众接受这个概念模式,其次进行相关研究。

而笔者认为,推进"体医融合"的建设,主要应做到以下几点。

(1)我们要打破行业之间的壁垒,完善体育医疗机构建立制度

例如将预防医学和体育学进行有效结合,预防医学和体育学这两个看似完全不相关联的学科,实则也是相辅相成的。在预防医学的教学中,如果将体育学融入进去,不仅能够完善预防医学的教学体系,同时也可以使学生提高对预防医学的学习兴趣,通过不同专业之间的结合,大大促进了"体医融合"的建设步伐。同时,医疗部门与体育部门也应积极配合、实时沟通,共同撰写预防医学与体育学的相关教材,培养一批优秀的拥有体育学知识的预防医学人才,共同促进"健康中国"建设。体育学与预防医学都是为了实现全民健康,如若将两者结合起来,定能发挥其最大作用。

(2)目前我国出台的关于"体医融合"的相关政策法规少之又少,所以加强规章制度建设是促进"体医融合"的当务之急

从2014年国家推广的"运动处方"到2016年提出的《纲要》来看,政府部门正在讨论研究相关政策。在"体医融合"方面,日本有较完善的法律法规体系,他们设有专门的机构,可以对群众进行健康指导;同时,日本也颁布了《医疗法》,医疗机构的员工、设施要符合厚生劳动省的相关规定,包括职员的专业程度以及设备是否齐全等。

(3)培养相关专业人才

首先,我们要从学校开始抓起,学校是培养人才的重要场所,体育学院的老师应该与医学院的老师加强交流,在交流过程中,取长补短,共同打造一支具有"体医融合"教学能力的教师队伍。同时在学习的过程中,体育学院的学生和医学院的学生可以进行交换学习,促进交流,理论与实践相结合,培养出优秀的人才。其次,政府部门也应该对社会服务人员进行相应的

健康指导培训,建立"体医融合"交流互助的信息平台,加强体育与医疗相结合的人才队伍建设。学校培养数量有限,政府应积极推动社会力量参与,多元化培养"体医融合"人才。

(4)加大媒体宣传力度,充分利用舆论媒体的传播作用

社区是社会最基本的组成单位,要想推进"健康中国"战略目标,我们必须推动"体医融合"进入社区,例如建立相关论坛,举办讲座,定期开展"体医融合"的社区活动,让人民群众充分了解并接受"体医融合"这一思想体系。同时,在信息化时代背景下,电视网络的传播也是很好的媒介。如 2017 年举办的"当东方遇见西方体医融合大健康高端论坛"和"中国医体整合联盟成立大会暨医体整合高峰论坛"均取得了不错的反响。

(5)推广建设体质监测点

居民通过站点监测身体状况,站内医疗人员对不同居民的身体状况建立不同的运动处方,尤其是对慢性病患者的干预,为了方便居民每周甚至是每天可以去站点监测身体状况,站点的设置最好是以社区或乡村为单位。每个站点必须配有专业医疗人员以及医疗设备,使居民可以安心监测身体状况的同时也加强他们对于运动干预治疗方法的认可程度,从而提高"体医融合"的接受度。

在以上五方面基础上,我们可以对居民建立健康档案,根据每类居民不同的身体素质,因人而异地为他们设计健康管理方案,发挥"体医融合"的最佳效果。所以,我们只有将体育与医疗充分地结合起来才能更好地解决全民身体素质指标直线下降这个问题,同时"体医融合"也符合我国的发展国情。

第三节　预防医学与体育学

一、预防医学和体育学相关政策

促进预防医学与体育学相结合发展离不开国家的政策指导。国家层面,竞技体育的口号是"奥运争光",而群众体育要求推动"全民健身",二者相辅相成,共同发展。但由于种种原因,存在着发展不平衡的问题。我国坚持健康优先发展,充分认可全民健身的关键地位,积极提升健康水平,是"健

康中国"战略的必然要求。积极发挥政府顶层设计与规划、政策引导及监督检查的主导作用,深化、细化部门合作,推动体育政府组织改革,建立"政府主导—部门协同—全社会共同参与"的大群体工作格局;深入推广"健康中国"理念,全民健身,提高参与度,共参共建共享。积极转变政府职能,解决政府职能"越位""缺位"等问题,有效转变政府管理模式、管理手段及管理职权,提升政府公信力;加大在全民健身方面的财政支持,平衡竞技体育和全民健身资金投入;正确处理政府与社会、市场之间的关系,建立健全全民健身管理体系,大力推进全民健身的社会化与市场化;加大宣传"健康优先"理念,调动社会积极性。

习近平总书记在中央城市工作会议上首次提出"三只手合力"理论,即运用政府"有形之手"执行,市场"无形之手"辅助,公民"勤劳之手"监督,协调政府、社会及公民三方,多中心参与治理,共同推进。变政府"垄断"为"主导",辅以社会、公民"两只手合力"。建立健全全民健身的协同联动机制,实现"共治、共管、共建、共享",具体来说就是:第一,政府保障基本需求。完善法律法规及政策细则,以形成顶层设计与规划主导、政策导向与监督检查的格局,政府不再直接提供全民健身公共服务,转变为向第三方购买的形式;体育部门应均衡、协调发展全民健身与竞技体育,以竞技体育为"精神导向",建立健全全民健身的"长效化机制"。第二,社会促进多元发展。积极发挥市场的资源配置作用,来明确需求变化、调度资源、调整供给;鼓励、支持"第三方"参与,加强政府与社会资本等多方合作,利用社会资本,形成自由供给市场,建立具有内在激励、降低交易费用的制度安排。全民健身与全民健康是民心所向,社会提供健康与健身服务是发展体育产业的必然要求,政府保障国民的健康与健身运作是其义务所在。以全民健康为目标,深化改革,推动全民健身治理体系的现代化。

倡导、支持社会组织提供更好的志愿服务活动,首先,以政府为主导,提倡全民健康,与此同时,实行政社分离,平行站位,增设健康服务类社会组织,开设养生保健等健康课;其次,健全政策支持,加大国家资金投入,为非营利医疗卫生组织提供资金补助,鼓励该类组织更好地提供体育产品,推动健康的医疗卫生服务保障体系建立。政府、社会、公民三者"同心同德、同向同行、同力同建",形成"利益寄生体、发展寄生体、命运寄生体"。

健康产业与全民健身产业相辅相成、互帮互助、共荣共存。二者都倡导积极、健康的生活方式,身体健康是核心,同时追求心理健康和愉悦。健康产业以健康为核心,引导全民健身产业健康发展。健康产业与全民健身产业协同发展、有序合作,形成整体性、统一性、秩序性的"价值链整合",推进深度融合,探索其中可交叉、融合、创新的内容,并"协同"开发新产品、新服务。价值链整合是健康产业与全民健身产业的交叉和融合,促进全民身心健康,共同宣传、推广"健身"与"健康"两种隐性与显性的生活方式,提高两大产业健康性能的认知度,刺激健康消费与健身消费。其连接点,即产业间价值链的增值环节,应以疾病优化、损伤预防、康复治理等领域为核心。健康优先发展的原则是"健康中国"的关键,其为"体医融合"开拓新思路——加强医疗卫生与全民健身的深度融合。以健康产业推进全民健身产业发展,创办全民健身体质检查测试站、运动损伤预防中心、康体中心等机构,推动全民健身产业的发展。

探索全民健身产业与健康产业边缘的交汇点,联合研发新产品。开展"跨界融合",与旅游、传媒、保健、"互联网+"等产业协同研发,优化产业结构,升级产业链,促进产业战略创新与协同创新。制定政策时,强调健康在全民健身中的重要作用,加快医疗卫生改革,建立健全健康、全覆盖的医疗卫生服务体系。在过去,疾病治疗是医疗卫生工作的重心,当前,应促进其向健康促进转变,建立全民身体健康状况信息平台,为全民健身提供医学健康保障。基于国民健康的需求,加快推动医疗科技创新,完善医务监督体制,开发运动处方的诊疗模式。实行健康保障前置政策,推动"健康经济风险"保护,投资身体经济,如养生瑜伽、身体锻炼、保健品、营养品等。同时,健全全民健身健康服务保障体系,实现全覆盖,改善健康资源不均的问题(重点置于社会弱势群体),创造直达化、通畅化、便民化的健康服务,提供公正、公平的健康资源,实现共建共享。

全民健身被视为一种初级预防系统,用非医疗手段保障健康,在发病前阻断疾病发生。普及全民健身可以减轻医疗卫生服务的负担,在源头调控,缓解"看病难、看病贵"等民生问题,使医疗卫生服务环境最优化。创新开发结合社区医院、运动健身指导站、体质测定点的联合模式,健全国民体质测试常态化机制,实时关注国民体质健康。在医疗卫生教育中宣传/普及全民健身在疾病预防、损伤预防、康复疗养等方面的积极作用。建立便民的全民健身指导体系,健全全民健身运动与康复保障机制。设立全民疗养院、运动康复机构、康体中心等社会组织,倡导科学健身,将运动医学与康复医学进一步融合。加大"社会营销"等健康宣传力度,普及全民健身健康教育。在全民健身过程中,进一步推进"体医融合"与"体卫融合",用医疗卫生手段加强干预,制定合理、高效的全民健身运动计划,开具运动处方,定制营养配餐方案,使全民健身科学化。设立体质监控平台,加强医务工作监督,推进全民健身与医疗卫生有效地深度融合,共建"健康中国"。

二、预防医学和体育学的融合实践

进入 21 世纪后,特别是随着《纲要》及一系列相关政策的颁布,"体医融合"理念在政策层面获得了支撑,而一系列相关会议和培训班的举办,则进一步凝聚了共识。"体医融合"的发展不仅是卫生健康(医疗)部门和体育部门发展的内在要求,同样也是国家解决当前和长远健康问题不可或缺的手段。为此国家陆续出台了推进"体医融合"的相关政策。运动处方作为"体医融合"的一种实践方式日渐被人们所接受,通过医师开具的运动处方,患者可根据其建议进行科学精准的健身活动,通过锻炼达到预防、康复等效果。2014 年,运动处方被明确提升至国家层面,要求大力发展运动与康复医学,促进全民健康。2016 年,国家陆续出台四个文件,均强调建设"健康中国",需要推动"体医融合"的大力发展。相关政策的出台为"体医融合"的发展提供了政策保障,为其发展指出了大致的方向,为其理念的深化提供了政策依据。"体医融合"在国家政策中首次正式呈现,显示出其在"健康中国"建设过程中的重要作用。

为了更好地深化认识和宣传"体医融合",体育与卫生健康(医疗)部门以及社会各界的学者们多次汇聚在一起,为它的发展出谋献策。各地区积极响应"体医融合"政策,陆续开设相关培训班,促进"体医融合"在不同层面上的落实。为了响应国家的号召,各地区组织、机构、协会等纷纷举办有关"体医融合"的学术论坛。

如在 2016 年 12 月 2 日至 4 日,中华医学会运动医疗分会承办了首届深圳市国际运动医学高峰论坛。会议设有主题报告和专题学术讲座两个板块,全面深入剖析当前运动医学等学科热点、难点问题,集中体现最新研究成果,展示最新技术和临床进展。此次会议聚集国内外众多知名学者,围绕"体医融合""健康中国""运动创伤"等话题进行专题报告。

2017年4月19日,"当东方遇见西方体医融合大健康高端论坛"在北京华彬中心成功举办。来自国内外体育、医疗卫生、疾控等领域的200余名专家学者参加论坛。库珀先生用几十年翔实的研究数据,阐释了"运动"是神奇的"药"。胡大一教授出席论坛并做了"体医融合"与"健康中国"专题报告,强调体育对慢性病的重要影响,系统介绍了国内外心血管领域一级预防和二级预防重要研究和实践成果,特别是近五年对中国慢性病预防康复的探索实践和全生命周期的防治康养4S服务体系,重点指出非医疗健康干预、"五大处方"和"体医融合"的模式。

2017年8月31日至9月3日,第一届北京大学运动医学论坛在北京五洲国际会议中心召开。此次论坛是在运动创伤与关节镜微创外科学习班的基础上举办的第一次综合性论坛,旨在传承北京大学运动医学前辈的精神,开拓北京大学运动医学创新发展新征程,共同搭建运动医学综合交流平台。

2017年12月25日,"中国医体整合联盟成立大会暨医体整合高峰论坛"在国家会议中心召开。中国医体整合联盟(以下简称医体联盟)的成立标志着"体医融合"由战略计划转入实质进展阶段。此次大会汇聚了众多体育界、医学界的大咖,他们在一起共同商讨"体医融合"今后该如何更好发展。医体联盟秘书长郭建军在大会中以新的视野重新定义体育在健康中扮演的重要角色。华山医院运动医学中心主任陈世益介绍了近年运动医学的发展历程以及最新研究成果。与此同时,一些医学界的佼佼者也将自己对"体医融合"的认识与大家分享。"体医融合"的深化发展中,不仅采用会议研讨方式,还组织开设相关培训班,从而进一步促进"体医融合"的宣传与推广。

由国家体育总局牵头,国家体育总局运动医学研究所与地方体育局、医疗卫生单位等联合,在全国各地依序开设"体医融合"促进健康的培训班。培训班以河北石家庄为中心向四周延射,相继在黑龙江哈尔滨、江西南昌、湖北武汉开设"体医融合"促进健康培训班,培训以"运动促进健康"为主题,以促进"体医融合"深度融合,提高各地区领导、干部的理论水平和业务能力,更好地发挥体育手段解决健康问题的积极作用为宗旨。

由国家卫生计生委主办、地方医院协办的全国健康教育和健康促进培训班,也相继在湖南长沙、福建南安、浙江绍兴、山东烟台、北京开课,培训主要围绕健康教育经验的交流,以及如何做好健康普及工作等方面展开。

　　纵观以上的会议和培训班,我们可以看出,"体医融合"受到了体育和卫生健康(医疗)部门的重视。

　　在多次观摩以上活动和会议并结合文献资料的整理可发现,科学健康的运动,能有效预防缓解慢性疾病,提升人们体质健康,进而推动"健康中国"建设,已经成为体育和卫生健康(医疗)部门的共识。系列研讨会和培训班的举办,打开了体育和医疗两者之间的藩篱,促进了两个领域的交流,甚至已经有两个领域联合举办的培训顺利举行,共识的累积,对于后续进一步推进"体医"的实质性结合大有助益。

　　"体医融合"的推广不可能一蹴而就,应当稳扎稳打。一些地方政府在实质推进"体医融合"的过程中,首先进行了试点建设,希望通过试点的发展情况,总结经验,查找问题,为日后的广泛推广奠定基础。2017年以来,上海和安徽等地已相继建立"体医融合"试点工程。2017年9月21日,上海市普陀区体育局与普陀区人民医院正式签署协议,两者达成共识,通过"体医融合"战略合作,普陀区人民医院"运动创伤诊疗康复中心"成为普陀区体育局首个"体医结合示范基地",为本地区运动员提供具有科学依据的优质医疗服务,将体育局的核心技术与医院的精准医疗诊断相结合,共同服务于区域运动员的健康。2017年10月17日,安徽省合肥市庐阳区为响应"健康中国2030"计划,在安徽省率先展开试点工作"体医融合"的慢性病干预。此试点主要是针对居民自身体质情况为其提供个性化的医疗运动服务,同时也将医学检测指标纳入体质测定、健康干预、运动防护及效果评价。上海市普陀区人民医院运动创伤诊疗康复中心以及合肥市庐阳区的试点工作,都是"体医融合"试点工程的先行者。它们通过对国家"健康中国2030"政策的宏观把控,并结合本地的实际情况,设立试点地区,所取得的成效为其他省市地区开展"体医融合"起了很好的模范带头作用以及提供了宝贵的经验。苏州市的"阳光健身卡"旨在有效利用市民医保账户里的余额,"变废为宝",促进市民身体健康,加大身体运动方面的投资,是惠民性的福利政策。多数人办理阳光健身卡是为了体育健身,调查表明市民积极追求健康,健身场馆的运动需求较大,"阳光健身卡"帮助市民低成本健身。过去,人们"头疼医头、脚疼医脚"被动治病,现在逐步转变成利用合理、有效的体育锻炼追求健康,以较低成本防止"富贵病""老年病"的患病,引导广大市民养成终身运动的习惯,强身健体。"阳光健身卡"提升了苏州市民的身体素质和运动积极性,是值得肯定的。

如今,我们处于网络信息化时代,人们追求精神领域的丰富世界,信息的流通使冷僻的运动项目进入人们的视野,从不了解到逐渐喜爱。现在,可选择的健身项目越来越多样、丰富,如乒羽网等小球、游泳、慢跑等项目非常受欢迎,健身房器械运动、足篮排大球项目、舍宾瑜伽次之。苏州市全民健身中心的负责人表示,游泳、羽毛球、乒乓球等大众项目刷卡消费较多,很受欢迎,在黄金时段,容易出现场地不够的情况。在未来,热门项目的场地设施建设和指导人员应考虑受众群体的需求,有针对性地开发,以适应市民健身需求。市政工程还在街心公园等场所修建步道,为市民早晚跑步、散步提供场地便利,舒适又安全。健身项目的偏好和选择受性别和年龄限制,体现在持卡人健身项目的选择上。通过分析总结得出:在游泳、羽毛球、慢跑等最受欢迎的项目上,年龄、性别差异导致的选择差异并不明显。对抗激烈的大球项目对速度与力量的要求较高,如足篮排,其选择上年轻人略高于老年人,男性的喜爱程度明显高于女性。更多女性倾向广场舞、秧歌健身操、舍宾瑜伽等无激烈对抗的技巧类项目,身体负荷适中,并且还有优美的韵律;其中,年轻女士偏爱舍宾瑜伽,而秧歌健身操、广场舞则受中老年女性喜爱,瑜伽也成为部分年轻男士的选择。而年轻人更多选择在健身房练习器械,老年人则是门球、壁球。年轻人与老年人都会选择跆拳道和武术,中年人选择较少;主要原因是对于年轻人来说,跆拳道和武术可以锻炼健身,而老年人对太极拳的接受程度高。另外,极限运动、保龄球、高尔夫、徒步、爬山也成为年轻人的选择,但受民族文化、费用、场地等条件限制,上述方式开展程度受限。

通过案例综合得出结论,市民选择具体健身项目越来越多样化,在增强身体素质的同时,身体条件和兴趣爱好也作为参考依据,决定选择。然而,具体项目仍然有流行程度的高低,欢迎程度高的项目规则易懂、费用低廉、受天气干扰少、场地门槛低、技术难度适中,成为核心项目。因此,要注意优先满足该群体的健身需求。由于硬性条件限制,其他非核心项目普及较困难,如高尔夫。当前,高尔夫运动虽然流行,但由于其场地条件限制苛刻、运动装备价格高昂,难以大范围流行。因此,优先发展核心项目的同时还要统筹兼顾,合理定价。如超过半数的"阳光健身卡"持卡人认为,其消费比较高一些。通过对苏州市区群众的随机采访,笔者了解到,多数人认为健身房的价格过高,导致更多选择免费的健身设施。划拨申请人医保账户的余额,享受定点场馆的价格优惠,降低健身的成本,"阳光健康卡"优势显著,并能增强群众参加健身的积极性,提升区域人民身体素质,做到真正的惠民利民。笔者在多地走访调查,观察发现:在我国,运动健身场馆基本配备健身教练,提供有偿服务,其价格以服务内容和服务周期为基础上下浮动。力量器械训练、健身操、瑜伽、游泳等项目需要专业的指导,对教练的依赖程度高;而跑步、球类项目较低。健身俱乐部的消费水平高,对指导教练的需求也高。公共健身场所,则多数由群众自行组织。同时,持卡人对于健身房配备教练的态度由指导员专业水平决定。多数人认为场馆里的指导员专业水平较低,不能满足消费者的预期,专业的体育指导能力欠缺,只能学习特定的运动技能,很难根据实际情况定制健身计划。健身场馆负责人表示,健身场馆的教练有专业和非专业两种,专业的教练、指导员提供的指导服务质量较高,费用也高。非专业人员学历较低,专业运动知识匮乏,很难满足高追求消费者的要求。因此,从节约成本的角度,俱乐部只聘用较少的专业教练充门面,而实际操作则由非专业的教练员进行。

苏州市"阳光健身卡"持卡人相对于苏州市整体人群,以青、中年人群为主,收入、学历等均高于平均水平,能更快接受、消化新鲜事物,爱好广泛,对体育健身的兴趣浓厚,经常参加体育健身,身体素质较好,较少生病、看病。他们使用往年结余的医疗保险金额,储值在"阳光健身卡"里,形成了健康、绿色的良性循环。

第四章　健身气功运动与"体医融合"

第一节　健身气功概述

国家体育总局将"健身气功"界定为："以自身形体活动、呼吸吐纳、心理调节相结合为主要运动形式的民族传统体育项目,是我国灿烂文化的重要组成部分,在中国悠久的养生学中占据着非常重要的地位。"健身气功功法在动作编排上将人体各个穴位的功效融入动作中,人在运动时,身体会结合动作进行自我按摩,不同的动作形式对应穴位产生相应的健身功效,练习时配合呼吸,可使人体达到"身、心、息"三调合一的境界。2003 年,国家体育总局推出易筋经、五禽戏、六字诀、八段锦四套功法,随后在 2009 年推出太极养生杖、马王堆导引术、十二段锦、导引养生功十二法、大舞五套功法,现在大家把前四套功法统称为老功法,把 2009 年推出的统称为新功法(唐秀娟,2019)。2013 年 2 月,国家体育总局认定健身气功项目为第 97 个体育运动项目。2014 年,中国健身气功协会成立,随着国家重视程度的提高,练习健身气功的人数也在不断增加。

一、健身气功的推广现状

随着我国推进健身气功的工作开展,群众开始粗略了解健身气功,但仍缺乏科学和理性的认识。健身气功运动以锻炼身体,增进健康为目标。由于未能全面认识健身气功运动的科学性,其在大范围内推广困难。作为传统体育运动,健身气功运动在老年人群体中深受欢迎,尚未在其他年龄段中受到广泛接受,导致受众群体年龄差异不大,阻碍了健身气功的社会渗透。

目前,世界范围内的健身气功推广初有成效。在国外主要通过我国的中国武术学院、华人社团、健身机构进行宣传和推广,以锻炼身体、增进健康。然而缺少网络推广,仅通过大众传播和人际传播难以高效推广。健身气功的教学部门和健身气功爱好者协会在很多国家和地区纷纷成立,开展长期教学。指导教学的教练员多来自健身机构、武术学校等领域。国外的健身气功爱好者中,华侨和外国人口的比例较为均匀。

二、健身气功的发展前景

高校是育人的重要基地,更要为未来向社会输送高素质人才提供重要保障。在高校内开展健身气功运动不仅能够传承我国传统文化,还能够向学生普及健身运动的重要性。大学生是我国未来发展的中坚力量,向大学生普及健身气功知识不仅能够帮助他们强健体魄,还能够让他们将健身方法传播给其他有需要的群体,更为大学生在日后就业时拥有良好的身体素质奠定一定基础。健身气功的历史较为悠久,它经历了远古时期的漫长岁月,在初期只有简单的动作来进行气功引导,到了华佗时期,古代名医开始对健身运动产生浓厚兴趣,其中五禽戏等健身气功运动更是造就了我国的健身传统文化。因此,健身运动在高校中的开展对于培养学生对传统文化的认知极为有效。

三、健身气功的练习方法

随着社会的不断发展和进步,我国人民越来越重视健身给身体带来的益处,城市中健身房大力宣传,各种健身项目层出不穷。健身气功作为健身项目中占据较大优势的一门练习方法,以五禽戏、易筋经、六字诀、八段锦为人们所熟知,更有孙思邈健身法、十二段锦、太极养生杖、马王堆导引术、曹庭栋导引法、导引养生功十二法等。健身气功的相同之处在于都注重身体的全面锻炼,将调心、调身、调息融为一体,既注重肢体锻炼,又注重内部运动。同时,动作都极为柔和,运动时肢体部位轻松自然,可大方舒展,配合着均匀的呼吸,用意念将内在与肢体动作相结合。此外,健身气功更具有明显的养生作用,可不断放松自身机体,然后让意识来刺激大脑运动,降低大脑内产生的急性反应,让人体能够达到稳定状态,从而强健体魄,舒缓心灵。

四、高校开展健身气功的现实意义

1. 培养高素质人才

随着各用人单位对于人才的需求逐渐增高,就业人员需要具有高超的技术能力、沟通能力、社会能力,还需要具备健康的身体素质。因此,高校开展健身气功运动能够让学生通过健身的方式来提升自身体魄,且健身气功具有平复内心的功能,能够让学生学会调整自身负面状态,用一颗平常心来对待生活和学习、工作中所面临的压力。因此,使用科学合理的方法来进行健身气功锻炼,是高校强化学生身心健康的重要手段之一。世界卫生组织认为,人的身体健康不应以片面的身体疾病和身体素质来进行判断,应以心理健康、身体健康、社会适应能力、道德修养进行全方位判断,只有这四个方面都健全才可以称之为健康的身体。高校作为培养社会主义接班人的重要基地,其普及教育能力是其他领域无法比拟的。因此,高校需以培养学生全方位发展为教学目标,让学生在具备高能力就业水平的同时保持身体健康、心理健康,形成良好的社会适应能力,有良好的道德修养品质,这才是高校育人的最终目的。

2. 锻炼身心健康

健身气功不仅能够起到强身健体和舒缓心灵的作用,还能够通过不断锻炼来提升心肺功能。心脏是人体最重要的器官之一,如若不能够好好地珍惜心脏,一旦心脏停止运作,那么我们的生命便遭受到了威胁,与其他功能器官不同,心脏没有停止工作的时间,它会伴随着我们的生命一直不停运动,所以健康的心肺功能是人体健康的重要保障。健身气功运动可以让人们在舒缓的运动过程中反复锻炼身体,用慢节奏的呼吸方法来锻炼自身心肺功能,让静脉血管能够增加容量,减少心血量,让心脏慢慢减少负担,以此来提升心肺健康。不仅如此,健身气功还能够帮助人们形成良好的消化系统,使用特殊调息方法来提升消化道运动频率,在腹式呼吸的方法下改善挤压腹腔的现象,慢慢地按摩自身消化器官,从而恢复消化系统有效吸收和正常消化的功能。此外,健身气功对人的骨骼成长也具有一定影响,其中的锻炼动作可以有效拉伸关节、肌肉、韧带,在调节意念和气息的意识状态中能够让肌肉更加立体,让骨骼更加强壮,让韧带更具有弹性。由此可见,我国传统文化中的健身气功不仅可以带给学生良好的传统文化熏陶,还能够让学生各项身体机能得到一定改善,由此预防和治疗身体疾病。

五、当今社会健身气功运动的推广策略和途径

根据当前我国健身气功的推广形势,结合其自身特点,我们对当今社会健身气功运动的推广策略和途径进行如下分析。

第一,制订推广计划。针对受众主体,制订推广方案,普及理论知识。实施计划时,重点培训健身气功指导员和社会体育指导员。监督推广方式,避免不良影响。

第二,大力宣传健身气功。利用书籍、网络媒体、电视等方式宣传,对外宣传时,结合国际交流、中国语言推广、中外文化节等活动,在加强国家间的文化交流的同时,提高国家间的良性互动频率,为健身气功运动的普及、推广奠定基础。

第三,推广方式多元化,提高推广效果。在国内,健身气功普及、推广的社会公益性较强,包括推广者也是,如社会体育指导员。全面推广健身气功运动,要改变单一的、不科学的推广模式,推广模式要多元化。例如,利用融媒体、商业广告宣传;在经营性体育健身场所实际开展健身气功运动。

第四,开展健身气功竞赛。完善竞赛规则,满足健身爱好者的需求,积极推进我国健身气功竞赛发展。推广与竞赛相辅相成,相互促进。例如在健身气功竞赛中,不仅可以展示技术、交流技巧,还可以吸引关注、激发兴趣,引导群众学习、参与健身气功运动,从而推广健身气功。

第二节　影响健身气功发展的因素

一、社会群体发展不平衡、不充分

健身气功因其运动形式多样、风格柔和舒缓、动作简单易学、健身效果明显、不受场地器材限制的特点,深受中老年人喜爱。通过中国知网的高级检索,以"健身气功"和"老年"为主题词模糊检索,可检索出 104 条记录;以"健身气功"和"中老年"为主题词模糊检索,可检索出 65 条记录;以"健身气功"和"白领"为主题词模糊检索,可检索出 7 条记录;以"健身气功"和"上班

族"为主题词模糊检索,可检索出 1 条记录;以"健身气功"和"青年"为主题词模糊检索,可检索出 4 条记录;以"健身气功"和"青少年"为主题词模糊检索,可检索出 13 条记录;以"健身气功"和"儿童"为主题词模糊检索,可检索出 0 条记录;以"健身气功"和"中学生"为主题词模糊检索,可检索出 13 条记录;以"健身气功"和"中小学生"为主题词模糊检索,可检索出 6 条记录;以"健身气功"和"小学生"为主题词模糊检索,可检索出 9 条记录。检索结果表明健身气功在中老年人群体普及程度更好、欢迎程度高,相关研究较多,在青少年儿童和白领群体普及程度较低,导致健身气功的受众群体存在发展不平衡、不充分的问题。崔永胜、杨慧馨(2017)在《健身气功习练人群特征调查分析》中指出,练习健身气功的多数为女性,占调查总人数的73.0%,男性占总人数的 27.0%,女性是男性的 2.7 倍,练习者性别比例严重失衡;40 岁以下的练习者占比约 4.6%,40 岁以上的占到 95.4%,说明在年龄阶层也存在同样问题;大学以上学历的练习者仅占 23.3%,说明练习者整体文化水平不高,究其原因,可能是因为中老年人较多。张娜、薛锋(2018)在《全民健身背景下健身气功的开展现状研究及分析——以太原市为例》一文中指出,71~80 岁的健身气功练习人群占总人数的 34.2%,多数是企事业单位员工、工人和教师;而 20 岁以下和 80 岁以上的练习者为零。王庆庆等(2018)在《黄山市健身气功开展现状及发展策略研究》一文中总结,男女练习者比例接近 1∶2,男性少;50 岁以上的练习人数为 142 人,50岁以下的练习人数为 43 人;工人、自由职业者、学生练习者远少于退休练习者。上述例证证实了健身气功练习的社会群体发展不平衡、不充分。

二、区域发展不平衡、不充分

我国经济社会繁荣发展,政治、文化、社会和谐稳定,健康越来越受到人们的重视。因动作简单易学、不受时间场地器材约束,健身气功深受城市居民喜爱。而在我国不发达地区和大部分乡镇,健身意识匮乏,对于生产劳动与体育运动分别不明显。群众缺乏对健身气功的理解,存在严重偏见:认为只有中老年人才适合健身气功,年轻人不适合,阻碍健身气功在青少年群体中的普及、推广;还有部分人认为存在安全隐患,甚至可能会"走火入魔"。这些都表明多数人仍对健身气功存在认识偏差,并不理解其科学原理。在大中城市普及较好,在小城市及偏远地区效果不尽如人意。另外,农村人口以老年人和留守儿童为主,中青年多外出求学或打工,因此存在年龄断层,也是健身气功在城乡区域发展不平衡、不充分的原因之一。在农村,多数中老年人没有接受过教育,田间劳作就是体育运动,他们认为生产劳动就是运动;农闲时的娱乐活动以打牌、打麻将和看电视等为主,没有健身运动。

　　骨骼肌系统消耗能量所产生的身体作用称为身体活动。运动具有目的性、重复性、系统性,以维持或改善身体适能为目标。作为传统的养生术,健身气功的练习时间可控,成本低,农村居民容易接受,有助于养生健身,形成良好的生活习惯,也可以推动城乡区域和不发达地区均衡发展。

　　三、市场化发展不平衡、不充分

　　健身气功具有深厚的中国传统养生文化底蕴和历史文化背景,是优秀的民族传统体育项目。在继承和发展过程中,健身气功已经成为人民喜闻乐见的体育项目,尤其受到中老年人的喜爱。国务院办公厅印发的《中医药健康服务发展规划(2015—2020 年)》中提到,健身气功作为传统民俗民间运动项目,发展前景广阔,应大力支持其发展。然而,我国健身气功发展存在不充分、不均衡问题,其原因有以下四点:第一,发展经费不足,单一的政府扶持并不能实现推广目的,发展范围因经费问题严重受限;第二,练习场地易受天气的影响,如广场、公园等露天场所;第三,教练员专业水平不高,不能进行科学、详细的指导,而且免费的指导导致教练员教学积极性不高;第四,宣传方式单一,多为站点和高校教师,不能达到理想的宣传效果。

第三节　"体医融合"背景下
健身气功运动的推广及问题

　　一、"体医融合"背景下健身气功的推广方法

　　随着科学技术不断更新、发展,物质生活不断丰富,人们的体育健身意识逐渐增强,参加体育活动的人数也在逐年增多,而健身气功以其健身功能明显,内容丰富,形式多样,且不受场地、器械等限制的特点深受人们喜爱。健身气功协会的成立更是加快了这项运动的发展,健身气功协会以举办高校和站点比赛、交流会为主要推广形式,在提高技术水平的同时更注重对健

身气功文化的传播,使练习者既掌握动作又理解健身气功的养生功效。随着健身气功运动普及程度的提高,学校教学以及站点建设日趋完善,健身气功练习者的专业化水平也不断提高。2014年,国家开始推行"全民健身"的国家战略,群众积极参与到体育运动中来,各种体育组织如雨后春笋般应运而生,但群众体育缺乏专业体育人员指导,导致群众体育专业化水平普遍偏低,甚至有的人长时间进行错误的动作练习,非但没能锻炼身体,反而还损伤了身体和关节。2016年10月25日,中共中央、国务院颁布实施《"健康中国2030"规划纲要》,明确提出要"发挥全民科学健身在健康促进、慢性病预防和康复等方面的积极作用","体医融合"理念正式以国家战略的形式提出来;"体医融合"以"全民科学健身活动"为核心,旨在倡导通过科学的体育运动,达到强身健体、提高人体免疫力、预防疾病的目的。健身气功作为我国传统养生文化的重要组成部分,其功法在动作编排、练习方法、呼吸方式上,都渗透着中国传统中医的思想,结合经络学、养生学,将健身气功"动静结合""天人合一"的思想与传统医学"治未病"的理念高度融合。《纲要》明确提出,大范围开展群众体育,全面推广健身气功等民族传统体育项目。2017年,"全运会"比赛项目正式加入健身气功。2019年,国家体育总局健身气功中心制定《健身气功行动计划(2019—2021年)》。在"体医融合"背景下,健身气功的开展有了政策支持,社会站点练习者的专业化水平提高,高校对健身气功的重视程度提升,将会带动整个健身气功运动的发展(赵莹莹,2019)。

1. 使用快乐教学法进行健身气功训练

高校可通过成立健身气功课程教研室来推动健身气功体系在高校中普及,让学生能够充分认识到健身气功的育人作用和对身体健康的好处。健身教师需要按照专业的教学大纲组织学生进行运动,根据当前高校学生身体素质情况因材施教,并充分挖掘出健身气功带给学生的益处和优势,让学生能够在学习健身气功理论课程的同时,按照快乐教学法进行复习、操练、巩固等步骤,在锻炼过程中,对学生进行理论知识提问,让学生能够在教学娱乐的过程中积极学习健身气功,并知晓自身运动过程中存在的问题,及时改正。此外,由于健身气功的教师较为缺乏,高校还需要不断引入资深健身气功教师或让现有健身教师参与到健身气功培训当中,并制定考核内容和学习方向,让教师能够充分掌握健身气功的知识技巧,从而使大学生能够在专业的指导下进行健身气功锻炼。

2. 使用互联网技术进行健身快乐教学

随着我国互联网技术的高速发展,高校中也逐渐开始重视网络宣传能力和多媒体带给学生的乐趣。因此,高校可通过多媒体设备向学生播放健身气功的动作、手势、视频,用文字方式进行注释,教师通过趣味语言来提升学生的兴趣和积极性。不仅如此,还可以通过网络论坛、微信、校园官网等方式向学生传达健身气功的重要性,在校园屏幕系统中播放与健身气功有关的小视频和宣传片,以此促进健身气功在校园内的传播。

3. 通过高校交流来开展健身快乐教学

高校可通过与同样开展健身气功教导的院校进行学术交流,让学生和教师参与表演和展示,由此来提升健身气功的趣味性,让学术交流不止于学生之间的说笑当中,让学生能够在互相学习的过程中激发其进取心和沟通能力,以此来培养学生的社会适应能力,为日后进入社会就业打下一定基础,让学生在快乐的教学氛围内锻炼自身综合能力。

二、"体医融合"背景下健身气功运动推广存在的问题

1. 健身气功站点中社会体育指导员专业技术水平偏低

健身气功指导员是健身气功站点的"领头羊",负责教授健身气功运动技术,组织成员进行练习,健身气功指导员的专业技术直接影响整个站点。经过调查,笔者发现,很多三线城市、县级以下健身气功站点的指导员学习新功法都是通过相关部门组织功法讲座,这种"速成班"成为政府推广健身气功新功法的主要方式,但是健身气功指导员在讲座结束之后的练习就只能依靠记忆、根据视频或者书本进行自学,在自学过程中会出现某些动作遗忘,或动作重难点无法达到标准,这样就会导致健身气功指导员在技术教授时降低技术水平。健身气功属于导引养生功法,需经过长时间正确练习才能体会到养生功效,动作不标准会导致练习者无法体会到强身健体、修养身心的功效,挫伤健身气功练习者的积极性,并造成各个站点技术水平参差不齐,影响健身气功运动的良性发展。

2.相关部门对健身气功站点监管力度不够,部分站点组织散漫

健身气功站点属于群众体育的一部分,群众体育是社会成员以娱乐健身为主要目的,利用业余时间进行锻炼的体育形式,本身就具有松散性、随意性的特点。没有一套完善的管理体系,健身气功站点建设很难达到标准化、高水平,而国家对于健身气功站点的监管形式主要通过年度检查。随着近几年政府职能部门的简化,年检的权力也得到下放,相关部门只是通过负责人汇报工作对健身气功站点实行检查,很少到实地进行考察,站点负责人往往虚报站点情况,政府部门不了解站点建设的真实数据和情况,在一定程度上会影响决策判断和资金投入。同时,健身气功站点缺乏组织性,长此以往就会出现练习散漫的情况。

3.高校开展健身气功运动形式单一,学生缺乏课后练习热情

学校特别是高校是文化传承与弘扬的重要基地,当代大学生作为未来社会的中坚力量,是全民健身实施者的重要组成部分,因此做好高校健身气功的推广工作,既可以提高学生对中国传统体育项目的认同感,又能增强大学生对继承中华传统文化的使命感。随着"体医融合"理念的提出,健身气功作为我国传统养生文化的重要组成部分,逐渐受到高校的重视,越来越多的高校把健身气功运动列入学生的选修或必修课中。学校传授知识和技能的主要形式就是上课,而大多数学生都是通过体育课的形式了解健身气功这项运动的,学校很少通过其他课余形式组织练习,大部分学生表示课后不会练习健身气功。学校体育是培养学生形成终身体育观念的重要基地,学生只有在课后坚持锻炼,才能发挥增强体质的作用,逐渐形成终身体育的观念。

4.资源配置的不均衡性与站点体系的不完善性阻碍了健身气功发展

2005年,"和谐站点"工程开始实施。国家体育总局管理、监督国内外健身气功的推广、普及工作,加强基层人员技术与理论培训(精英计划)、划拨专项经费支持基层站点的硬件设施建设(如光盘、音响和书籍等);然而偏远地区地理位置偏僻,存在资金短缺、缺少基层宣传人员、宣传效果差等问题,人民群众对于健身气功缺乏清晰认识,严重阻碍全面普及健身气功。偏远地区健身气功的推广是未来工作的重中之重。

在"一带一路"倡议推动下,健身气功在国外前景广阔。我国选派优秀

教练员去国外免费教授健身气功。但这种宣传方式只是暂时的,不能为健身气功的发展提供长效助力。同时,教练员的专业能力有差异,理解健身气功的角度和高度也存在差异,另外,语言障碍是最大的问题,教授技术、宣传理念时往往因沟通不畅受到严重阻碍。

5.评价规则的不合理性与借鉴道路的不适应性限制了健身气功发展

2017年《健身气功竞赛规则(试行)》开始试推行,其基于2012年健身气功竞赛规则的旧版本,修正了部分内容,如评分档次、裁判长扣分、演示水平评分标准、动作规格评分标准等,我国开始根据新版本培训赛场裁判员。健身气功作为民族传统体育项目,并不属于竞技体育项目,其功法是通过外在的动作调理身体的内部器官,强调本体,将人的自身形体活动、呼吸吐纳、心理调节相结合。其评判规则基于演练水平和动作规格,虽客观上规范了运动员的动作要求,但无法突出健身气功功法的本质特征,运动员在竞赛中会掺杂主观刻意的技术,导致对健身气功养生理念的理解存在偏差。首先,应明确健身气功练习者的真正目的,是健康,还是比赛成绩? 其次,音乐决定练习时间长短、动作的难美性、手眼身步法等,将养生理念的功法动作按技术标准一一打分,判断练习效果,这些硬性要求限制了其深刻内涵,不符合练习者真正的健康需求。健身气功的竞赛规则制定应以其本质为核心,武术的竞赛规则无法强加硬套在健身气功上。

6.生存方式的封闭性与市场产业的小众性束缚了健身气功发展

健康是人类永恒的追求,国家发布《关于加快发展体育产业促进体育消费的若干意见》,积极鼓励"亚健康"群体健康生活,是健身气功发展的新机遇,可以进一步扩大健身气功的积极影响。与太极拳、瑜伽相比,健身气功发展的开始时间较晚,再加上其产品开发少、规模小等原因,健身气功产业化发展非常不理想。目前,国家出台大量支持政策,为其改革创新和全面普及提供了政策支持。现代健身气功的产业化发展主要与国内养生领域的公司开展合作,如"中国健身气功协会与丽水养生基地""中国健身气功协会与德丰利达集团"的融合发展,"云南首个'双料'健身气功培训基地"合作等,另外俱乐部的营销活动只在国内有所实行,国际市场并未全面开展起来。国家主管部门实行强制性管理、监督,保障健身气功推广规范、有序开展,但这种监管只适用于前期,长期来看,并不合适。

7.创编功法的单一性与人员结构的失衡性制约了健身气功发展

我国创编了九大功法并成功推广,为健身气功的可持续发展起到了示范、引导作用。但健身气功动作简单易学,固定单一。当前,健身气功练习者的需求呈现多样化趋势,其练习方式与功法套路难以满足人们的实际需求,反复练习乏味感加重。同时,九大功法多为普通人编创,难以满足先天疾病或后天残疾人群的需求。全面化发展健身气功要求必须编创针对性强的功法套路。

第四节 健身气功未来发展的对策

一、政府应加强健身气功指导员培训,提高其专业技术水平

政府应加强健身气功指导员培训,增强和提高其健身气功理论知识和专业技术水平;建立指导员定期考核机制,检验指导员技术水平;制定健身气功指导员综合评价体系,对健身气功指导员的阶段性表现进行评价,根据名次给予一定奖励,以此激励健身气功指导员;举办健身气功交流讲座,组织高水平健身气功运动员到各站点进行技术培训;组织各站点之间健身气功交流赛,扩大群众参与度;与中国健身气功协会合作,建立健身气功段位制考核机制,激励群众的练习热情。

二、加强健身气功站点内专门管理人员配置

站点的负责人作为政府与站点成员间的关键纽带,承担着承上启下的责任。加强政府领导和管理,增强推广意识,发挥政府的引领作用;在健身气功站点,建立健全完整、科学的实行机制,提升健身气功站点组织管理水平,加强社会体育指导员专业培训,增强专业的指导员配备人数;加强与社区和街道之间的联系,对群众的合理需求及时上报政府,以满足学员的健身需求。

三、丰富健身气功校园推广形式

学校应加强校园体育文化建设,每周推出健身气功宣传板报;结合学生

兴趣举办健身气功养生讲座,将健身气功文化与经络学、养生学相结合,让学生了解健身气功的养生文化;积极开展健身气功比赛,增加健身气功比赛奖项,调动学生练习的积极性,培养学生终身体育的观念;成立健身气功俱乐部,做好社团的推广工作,经常开展健身气功社团活动,增加学生的课余参与率;将健身气功列入早操项目中。

四、健身气功与学校体育相结合

目前,国家体育总局健身气功管理中心组织创编了校园"五禽戏""健身气功·明目功"青少版(小学版、初中版、高中版)。学生练习校园五禽戏六个月后,青少年的心肺功能明显改善,达到促进血液循环、促进生长发育和增强身体素质的良好效果。青少版明目功则可以改善眼部血液供应、削弱眼调节滞后量、降低近视眼屈光度、提高眼睛调节能力、减缓视力下降。在中小学大课间推广健身气功、开展校园"五禽戏"和青少版明目功,并开展评比,可激发学生的学习热情,提高参与积极性,帮助青少年更好成长。

五、健身气功与企业体育文化建设相结合

选派思想素质高、技术水平精、课程内容标准的优秀教师对机关单位、企业员工开展高质量的健身气功功法培训,讲解其功法内涵。如福建部分省直机关单位已经开展健身气功·八段锦功法培训。参与培训的干部职工喜爱我国传统文化,有较高的思想素质,能理解其丰富底蕴和内涵;通过认真学习,感受到了健身气功自身的魅力,以切身经历推广健身气功,是真正的宣传大使。组织健身气功交流比赛,鼓励企业参加,有效加强健身气功与企业的融合度。开设健身气功公司、养生俱乐部、养生会所等线下实体店。除了实体店,还要利用多媒体网络宣传,与知名视频媒体平台开展合作,录制标准教学视频以广告、视频的方式宣传。出版教程书籍,利用实体店或者网络销售,多元化发展健身气功。

六、加大在乡镇、不发达地区的扶持力度

在偏远地区,教育、文化、体育等方面的财政支持不足,这些领域成为"文化沙漠",导致发展不平衡、不充分的现象。政府应大力扶持边远地区的乡镇,完善基础设施建设,成立专门的资金管理机构,发布人才政策吸引人

才入驻,从而推进体育运动事业发展。利用行政手段,由政府主导设立健身气功活动站点,定期邀请专家开展讲座培训、指导健身气功练习,深入讲解其功法源流和功理功效,鼓励民众参与练习,强身健体。多数农民群众和不发达地区人民认为生产劳动就是体育运动,要积极转变这种错误观念,运用新媒介宣传健身气功祛病延年、防治未病的益处,增强国民参与的积极性。在健身气功站点播放科普、练习视频,购置书籍、教程,宣传其健身功效和文化内涵,推动健身气功均衡发展。

七、充分发挥市场机制发展健身气功

《纲要》指出:大力发展群众喜闻乐见的运动项目,鼓励开发适合不同人群、不同地域特点的特色运动项目,扶持推广太极拳、健身气功等民族、民俗、民间传统运动项目。这为健身气功市场化发展奠定了政策基础。政府应积极建立健全法律法规和市场开设管理制度,制定科学、合理的政策方针和实施方案,促进健身气功高质量、高效发展。发布优惠政策招商引资,有效调节市场,为健身气功的发展提供资金支持。健身气功市场化发展直接表现为健身气功俱乐部的成立。健身气功俱乐部的室内练习场地可以很好解决练习易受天气等因素困扰的问题。选择教学经验丰富、思想政治素质高的健身气功教师为同样素养高的学员授课,可以避免传播不良风气。

八、不断加强健身气功教练师资队伍建设

由国家统一培训教练员,培养高层次专业技术人才,启动精英计划,开设高级理论研修班,促进综合理论和实践水平提升。为专业人才增设人才编制、提高工资待遇,制定合理的考核制度,给予合格人员考核证书,鼓励、引导教练员下沉基层开展教学,通过服务实践,总结经验、改革创新,为健身气功发展贡献力量。

九、创编多种类型健身气功功法

现阶段,经过复原后编创的健身气功功法作为重点项目发展势头较好。其动作素材取自古代文献资料,汲近代各流派之精华,辅以现代美学及医学理论,以"吐纳养生""壮力养生""仿生养生""祛病养生"为核心等编创。近些年,国家已经开展其他健身气功功法复原编创工作,如站桩功、二十四节

气导引养生、健身气功·明目功等，同时，正在探索其他传统养生功法，促进国民身心发展。党的十九大报告明确"实施健康中国战略"。首先，国民身体健康是首位，开展健身动机研究，区分不同群体健身需求和目标，以有针对性地编创健身气功。其次，结合医学研究和医疗现状，辅助诊疗病例和医生诊断，针对多发病症"对症下药"。再次，开设免费健身气功练习班，开展科学的普及宣传活动，并针对不同群体的健康需求，提供相适应的练习服务。最后，健全健身气功功法体系，有针对性地解决现实问题，满足多样化的健身需求，创编具有传统文化特性的健身气功功法，多层次、全方位推广。

要想解决练习者年龄差距悬殊的问题，可以从以下几方面入手：第一，公司加强宣传并提供赞助，在国企尝试设立健身气功试点，而后向私企、外企公司推广。第二，健身房开设专门的练习课程，重点向健身人群推广。第三，开拓娱乐、养生领域，增强趣味性，刺激体育产业发展。第四，加强健身气功在各层次学校的推广。鼓励中小学开展表演、比赛活动，宣传科学理念，促进学生个性培养，强身健体。同时，在高校开设专业课程或选修课程，强化专业理论，丰富学生体育娱乐方式，树立终身锻炼的理念。

十、优化资源配置，加快健身气功组织体系建设步伐，提高发展能力

拉斯韦尔"5W模式"理论强调一个完整的传播过程主要包括传播者、传播内容、受传者、传播媒介、传播效果等要素。健身气功的普及推广系统不完善，导致资源配置的不均衡，传播者及传播媒介的环节都存在问题。运用互联网媒介培养国际教练员、偏远地区教练员；通过科学讲座、大众论坛、图书光盘、电影视频等方式，广泛吸引群众，扩大健身气功的影响力；对健身气功的认知理念和练习方法进行普及、宣传，根据人口流动情况，合理配置资源，共享发展成果。

同时，重视在海外群体和华侨华人中的发展。共同的思想文化与语言基础，有利于其在国外推广、普及。选派华人代表开展休闲娱乐活动；聘请华人教授功法，开展短期培训与长期练习；加强品牌营销，创造明星效应，提升人们的参与度与积极性，高效、规范推广健身气功，推动其稳定、和谐发展。以上能否完美解决由基层组织建设决定，因此健身气功要扎根稳打，才能开发其发展潜力，加速推广普及工作。加速形成各自的协会组织体、健身

气功品牌系,开展科学论坛、组织竞赛等国际交流活动,推动形成组织性、纪律性强的国际协会组织体系,推动国际健身气功发展壮大。

十一、遵循健身气功传统存在形式,坚持"简约"传统特质,凝聚发展共识

健身气功,顾名思义,就是健身。西方人的健身理念注重结构拆分,我国则强调整体和谐,遵循天人合一、修身养性的理念,弱化对抗性与抗击打能力。当前,健身气功类似武术套路比赛,竞赛标准、规则相近,部分竞赛动作脱离其本质要求,盲目追求动作的可评判性与难美性。练习形式的改变提升了参与度,但仍应坚持长久发展原则,坚持传统养生功法的精华,坚持形体活动、呼吸吐纳、心理调节相结合,深化理论与技巧,强调"简约"的传统审美观,消除其虚化神秘的印象,坚守健身气功的本质定位,走独立发展道路。

十二、拓宽生存方式,加快产业化步伐,发挥健身气功多种效用,释放发展活力

健身气功的固有版权归中国所有。遵循"一带一路"原则,推动健身气功在国际范围内普及推广,政府应有条件地开放版权,提供免费书籍资料、光盘等,降低健身气功的神秘性,助力国际健身气功协会会员练习健身气功,营造浓郁的健身气功练习氛围。健身气功起初依靠政府财政发展,现在逐渐开始向产业化发展。应学习国外的体育产业、孔子学院产业化发展模式,由国家宏观调控、市场主导,融合市场与公益,加快健身气功现代化、产业化的全面改革,走新型产业化道路。成立国际健身气功品牌俱乐部,利用明星效应,开发新产品如标志物、服装等,刺激体育产业消费。

第五章 "体医融合"——五禽戏

　　《三国志·华佗传》一文中记载:"吾有一术,名五禽之戏,一曰虎,二曰鹿,三曰熊,四曰猿,五曰鸟。亦以除疾,并利(蹄)足,以当导引。"五禽戏由东汉名医华佗模仿虎、鹿、熊、猿、鸟五种动物的动作,结合导引术创编而成,又称"百步汗戏""华佗五禽戏",是我国古老的健身术。五禽戏体现着藏象学说、五行学说、阴阳学说等中医学和导引仿生学理论体系,兼具哲学价值、美学价值和健身价值,被誉为"体育与医学交融的典范",成为促进国民身体健康独一无二的关键助力。五禽戏体现着古人崇拜动物的文化思想,重视养生保健,期望健康长寿,内涵丰富,群众基础深厚,是实现慢性病运动干预、未病先防的重要手段。五禽戏取虎之威猛、鹿之安舒、熊之沉稳、猿之灵巧、鸟之轻捷,其动作与现代形体美学融合,有内练精气、外练筋骨之用。基于中医理论,五禽戏完美结合科学健身理论、人体美学与现代人体运动学,可以有效缓解心脑血管疾病、高血压、高血脂、高血糖、颈肩腰腿痛等慢性病。高强度的工作导致中年人缺少体育运动,加上工作、生活、家庭压力,其身体状况不容乐观,颈肩腰腿痛等疾病频发。而老年人身体机能衰退,适合的运动较少。技术形式上,五禽戏与象形拳、太极拳相似,动作柔和、缓慢,深受中老年人的喜爱。《纲要》指出,要发挥全民科学健身在慢性病预防和健康促进等方面的积极作用,推动全民健身生活化。2006年,安徽省批准五禽戏为省级非物质文化遗产项目。2011年,国务院批准其为第三批国家级非物质文化遗产项目。

第一节　五禽戏的相关理论

一、模仿动物动作的历史背景

从原始社会时期,人类对动物的崇拜就有所显露,体现在通过模仿动物以延年益寿。一开始对动物动作只是无意识的模仿,慢慢演变成专门化的练习,最终形成独特的养生文化体系。

原始社会时期,人类尚不能主宰自然。动物的体型、速度、力量远超人类,导致人类对动物畏惧,奉其为强者,供奉为神灵,认为其有思想、有灵魂,可以佑护人类。

古代人们描述的神灵都有动物元素,如《山海经》中《南山经》的神灵通常与龙、鸟有关,《西山经》与豹、虎、羊、牛、马有关,《北山经》则与猪、马、蛇有关。狩猎时期,原始人类依赖自然和动物维持生存,以动物为食。古代人类虽猎杀、驯养动物,但仍羡慕其强壮的身体素质,神化后的动物更是地位极高。崇拜、敬畏动物的观念使古代人们模仿其行为,以求变得更强。

二、五禽戏功法的特点

(1)安全易学,左右对称

基于传统五禽戏整理、编创后的健身气功五禽戏平衡发展、左右对称、动作简捷、连贯可分、体量适中、安全可靠,属于有氧训练。个人可自行调节运动幅度和强度。如虎举手型的变化,就可细化为撑掌、屈指、拧拳三个过程,两臂举起和下落,又可分为提、举、拉、按四个阶段,并将内劲贯注于动作的变化之中,眼神要随手而动,带动头部的仰俯变化。待动作熟练后,还可按照起吸落呼的规律以及虎的神韵要求,内外合一地进行锻炼。

(2)引伸肢体,动诸关节

五禽戏功法强调全方位运动,增强肢体运动,包括缩放、开合、提落、折叠、拧转、侧屈、后仰、前俯等动作,有效锻炼腰椎、胸椎、颈椎等部位。同时注重脚趾、手指等关节运动,增强远端血液微循环。强调加强较少运动的肌肉群,如鸟伸、猿提、熊晃、鹿奔、鹿抵等动作。

（3）外导内引，形松意充

导引意为导气令和、引体令柔。导气令和指疏通调畅体内气血和调顺呼吸之气；引体令柔指活利关节、韧带、肌肉的肢体运动。健身气功五禽戏以动为主，模仿动物姿势。根据动作的升降开合，以形引气。虽然形显示于外，但为内在的意、神所系。外形动作模仿虎之威猛、鹿之安舒、熊之沉稳、猿之灵巧、鸟之轻捷，内部蕴含五禽的神韵，意气相随，内外合一。例如熊运外形动作为两手在腹前划弧，腰、腹部同步摇晃，实则要求丹田内气也要随之运使，呼吸之气遵循提吸落呼，以心息相依。

（4）动静结合，练养相兼

练习者通过肢体动作调节内在气息的同时，意念指导肢体动作，以形神合一。五禽戏旨在模仿五禽的动作和姿势，活络筋骨，舒展肢体，同时在功法的起势、收势以及每一戏结束后，配以短暂的静功站桩，诱导练习者进入相对平稳的状态和五禽的意境，以此来调整气息、宁心安神，起到外静内动的功效。练养相兼是融合练和养同步完成、适度进行。肢体运动时，形显于外，意识、神韵贯注于动作中，排除杂念，思想达到相对的入静状态，动与静有机结合，两个阶段相互交替出现，起到练养相兼的互补作用。

三、五禽戏的练习要领

五禽戏的练习要领，需要注意以下方面。

（1）形。形即练功时的姿势

古人说："形不正则气不顺，气不顺则意不宁，意不宁则神散乱。"练功姿势非常重要。头身正直，含胸垂肩，体态自然，放松身体。练习时，以动作的名称为基础，动作到位，合乎规范。分辨清楚动作的起落、高低、轻重、缓急、虚实，柔和灵活，不僵不滞，"引挽腰体，动诸关节，以求难老"。

（2）神。神即神态、神韵

养生追求"形神合一"。练习健身气功要"唯神是守"。只有"神"守于"中"，而后才能"形"全于"外"。"戏"意为玩耍、游戏，是健身气功五禽戏的独特之处。有五禽的神韵、游戏的意境，动作形象才能活灵活现。虎戏要有虎的威猛气势，虎视眈眈；鹿戏要轻捷舒展，自由奔放；熊戏要有熊的憨厚刚直，步履沉稳；猿戏要模仿猿的灵活敏捷，轻松活泼；鸟戏则要昂首挺立，轻盈潇洒。

（3）意。意即意念、意境

《黄帝内经》指出，"心"为五脏六腑之大主，"心"动则五脏六腑皆摇。这里"心"指大脑，证明了五脏六腑的功能受人的思维和情绪影响。练习时要微想腹部下丹田，排除杂念，思想集中，心静神凝，进入意境，从而调畅气血、疏通经络。

（4）气。气指锻炼呼吸，即调息

练习者有意识地调整呼吸，运用与自己身体、动作变化适应的呼吸方法。初学者应先明确动作，姿势舒适。情绪安宁、身体放松后，及时调整呼吸，不能憋气，松静自然呼吸。呼吸和动作的配合遵循以下规律：起吸落呼，开吸合呼，先吸后呼，蓄吸发呼。其主要运用自然呼吸、提肛呼吸、腹式呼吸等呼吸形式，依姿势变化或劲力变化而不同。呼吸的"量"和"劲"要缓慢、细匀、深长。

四、五禽戏蕴含的文化思想和养生目标

1.动作选取中蕴含的文化思想

五禽戏作为健身气功，旨在延年益寿。创编五禽戏，也选取长寿的动物。虎、鹿、熊、猿、鸟都有独特的文化蕴藏。第一，五种动物常见且广为知晓。第二，身体强健，寿命长久。

百兽之王的虎英勇威猛，更有"虎将"形容勇猛的将领，"虎虎生风""生龙活虎"形容人充满活力。虎是中国古代四灵"青龙、白虎、朱雀、玄武"之一。战国时期吴起用"左青龙，右白虎，前朱雀，后玄武，招摇在上，从事于下"描写部队的气势及威仪。天文学二十八宿中的西方七宿组成虎的图案，且五行中，西方属金，色属白，故称为白虎。东汉应劭的《风俗通义·祀典》记载"画虎于门，鬼不敢入"，"今人卒得恶遇，烧虎皮饮之。击其爪，亦能辟恶"。可见虎在古人心目中的地位与声望。五禽戏中的虎位于首位，体现虎作为灵兽崇高的地位。

鹿和婉、柔美，擅长奔跑跳跃。据《山海经·南山经》记载，"鹿蜀"马形虎纹，白头赤尾，鸣声如歌谣，佩戴其皮毛可繁衍子孙。鹿合群、长寿、多生，符合古人对提升生产力、抵御外来侵犯的追求，故而引起崇拜。

熊者，雄也。作为百兽之雄，熊象征英勇精神、男子阳刚之性。熊性情

凶恶勇猛,身型较大,善于突袭,速度极快,嗅觉灵敏,善于追查肉类气息。"吐故纳新,熊经鸟伸,为寿而已矣"说明人模仿熊以求长寿。其强壮的身体素质及独特的生活习性使熊戏成为不可缺少的一部分。

猿,善援。李时珍曰:"猿善援引,故谓之猿,俗作猿。"猿身型与人相似,灵活性及行动力超人。吴筠《玄猿赋》记载其"寿同灵鹤,性合君子"。《春秋繁露》记载:"猿似猴,大而黑,长前臂,所以寿者好行其气也。"古代仙客模仿猿猴调整身心状态。导引仿生中,猿因其长寿而被引用。五禽戏中的猿戏是古人智慧的传承。

鸟,人天间的神使,是天空中飞行的神秘动物。鸟图腾崇拜体现了人类最基本的生存需要,人类最早食用的稻谷是在烧焦的鸟胃中找到的,由此追寻鸟类的踪迹找到了稻田。为摆脱粮食贫乏,人们祈求五谷丰登,把希冀寄托在守护稻田的鸟类身上。人们崇拜、信任布谷鸟因其以自己的鸣叫声催农种谷不误农时。原始人类无法抗衡自然灾害,而飞鸟可轻易躲避洪水、地震、山崩灾害,引发古人向往。作为五禽戏的最后一戏,鸟戏代表了人们的美好希望。

虎威猛,鹿清灵,熊敦厚,猿灵活,鸟柔美。五种动物以自身之长及其被人类所赋予的精神构成了五禽戏中的五禽。五禽戏强身健体,代表了中国古代的动物崇拜精神,蕴藏着丰富的文化内涵。

2.动作特点中透射的养生目标

强身健体、延年益寿是五禽戏创编的目的,通过模仿崇拜动物的特性来获得能量。

为表现虎的威猛,选择虎在扑食时的动作虎举、虎扑作为第一戏。这两式动作稳健,神发于目,虎视眈眈;威生于爪,伸缩有力;神威并重,气势凌人。动作幅度大,以求伸展全身肌肉关节,达到暖身、导引的作用。

鹿抵、鹿奔两式表现了其清澈美丽的双眸和灵敏轻快的奔跑步伐,柔美的同时小心翼翼,如同鹿儿见到人类时那种似害怕却好奇、想要接近的心理。意在拉伸颈部及背部。

熊戏中的熊运、熊晃象征着熊体笨力大、外静而内动的特点。其动作幅度较小,注重肌肉和关节的稳定和力量。移动时强调落地有声、气势雄浑,站立时则全身放松、沉稳安宁。以呼应熊的稳重、沉着、刚直、憨厚。

猿戏锻炼肢体的灵活敏捷度,擅长纵跳,躲避闪身如疾风闪电般灵活、敏锐;内练精神的安宁内守,似静月当空,万籁俱寂,达到"动静结合""外动内静"的境界。

鸟戏取鹤长寿之相,胸怀坦荡,圣洁沉静,雍容华贵,神态安逸,目光澄澈。双手起合配合呼吸,气沉丹田,气息鼓荡,动如白鹤振翅高飞,静如仙鹤驻足而立。

五、五禽戏在健康服务供给中的理论与实践

中医学从古典哲学中获取灵感,形成独特的基础理论体系。将五禽戏用于养生防病、延年益寿的实践从未间断,且至今为止已经证明在多个系统疾病的治疗和康复中具有较好效果。

《后汉书·华佗传》有云:"人体欲得劳动,但不当使极尔。动摇则谷气得消,血脉流通,病不得生。"现代"运动是良医"理念也表明运动的关键地位。体育与医学结缘实起于华佗时代。

《黄帝内经·素问·阴阳应象大论》:"阴阳者,天地之道也……生杀之本始。"表明阴阳与生命间的联系。"阴平阳秘,精神乃治",强调阴阳平和。《类经附翼·医易》中指出:"动极者,镇之以静;阴亢者,胜之以阳。"五禽戏选取猿的灵动与熊的稳重构成动静相称,呼吸吐纳有节与站姿挺拔有力反映"动中有静、静中有动、动静结合"的观念,共同构成内外兼修、刚柔并济的动作属性。

我国医学倡导形神一体,注重精、气、神统一,五禽戏则要求做到精神内守、吐纳有节。基于五脏一体观、子午流注学说和五行学说,鹿、猿、熊、鸟、虎五戏对应春、夏、长夏、秋、冬五个时节,针对肝、心、脾、肺、肾五脏的特性和经络循行特点,注重锻炼时节与四时气候的关联,考虑一天中阴阳变化的节律,强调顺应自然,追求"天人合一"的整体观。

六、五禽戏对健康的促进作用

1. 五禽戏锻炼对心血管系统机能的影响

全民健身评价体系中心肺功能水平十分重要。通过研究五禽戏锻炼时的心肺功能指标,发现:五禽戏运动强度对中老年女性属于中等运动强度,

符合其"任力为之,以汗出为度"的理念;长期练习明显影响异常心电图的ST-T改变和PR间期延长,可降低收缩压和舒张压水平,提高肺活量水平,改善心血管功能,缓解窦性心动过缓。35～59岁的练习者,经过一年每周不少于5次、每次1小时的练习后,缺血性心血管病发病的绝对危险降低,慢性阻塞肺疾病患者的肺功能状态、运动耐量得到改善。每周5次、每次1小时的20周练习可改善年轻人心血管机能,改善最大吸氧量(VO₂max)水平,提高每搏输出量水平,降低安静时心率水平。五禽戏还可以降低高甘油三酯血症患者细胞黏附分子水平,调节血脂异常作用,改善练习者血脂水平。每天1次、共60天的五禽戏练习后,高甘油三酯患者高密度脂蛋白水平明显升高,血液sICAM-1、sVCAM-1、P-选择素、纤维蛋白原、甘油三酯、总胆固醇和低密度脂蛋白水平明显降低。五禽戏锻炼可以促进中老年女性机体调节,加强神经反应与平衡能力,提高性激素水平,减缓自由基损伤,提高外周血超氧化物歧化酶活性;2型糖尿病患者血液的流变性明显改善,机体胰岛素敏性辅助治疗作用明显提高。经过实验研究,孙红梅证实,经过练习五禽戏可改善受试者自由基指标、脂肪细胞因子、血糖、血脂、体质,有效改善中年男性代谢综合征胰岛素受体和受体后水平的生物学作用,降低其胰岛素抵抗,有效降低炎症反应,减轻氧化应激,降低血液游离脂肪酸等机制。

2. 五禽戏对身体素质水平的影响

五禽戏锻炼可以加强练习者身体体质,增强身体素质,提高老年女性平衡能力和本体感觉能力,强化其膝关节相关肌力。长期练习可提高性激素水平,增强身体平衡能力,延缓衰老。但是需要控制练习的负荷度。

3. 五禽戏锻炼对骨质疏松防治的研究

五禽戏可明显改善中老年骨质疏松患者的血清钙素(BGP)、碱性磷酸酶(ALP)及骨痛,患者颈骨、腰椎骨、股骨密度增大,其运动疗法可增强骨代谢效应,促进骨的血液循环,增强骨的机械应力效应,增强肌肉力量,加强收缩来产生应力,增强骨密度水平,防止骨量流失。练习16个月华佗五禽戏后,大学生左股骨颈、Ward三角、腰椎(L2—L4)和股骨大转子骨矿含量、骨密度及投影面积明显增加,骨密度水平提高。通过半年练习,原发Ⅰ型骨质疏松症患者腰背部疼痛评分降低、血清中PINP、S-CTX水平降低,骨质疏松状况得到缓解。五禽戏辅以中药可提高人体骨密度水平,增加女性绝经后的骨量,降低患者的骨密度。

4.五禽戏在心理方面的运用

五禽戏锻炼不仅强身健体,同时促进心理健康。研究发现,通过6个月的练习,中老年人视觉、动觉协调能力增强,注意力更加集中。五禽戏锻炼可以调整练习者心理状态,调节中老年女性负向情绪,增强正向情绪及认知功能。76.7%练习者心理年轻化,57.5%练习者自信心增强,55.8%的练习者记忆力明显提升,51.7%练习者精神状态转好。姜玉泽(2015)经过研究证实"五禽戏"练习可以缓解焦虑,抑制抑郁,加强社交,促进心理变化。以90名练习五禽戏的大学生为研究对象,开展SCL-90精神卫生自评量表研究,发现该部分学生"人际关系""焦虑""抑郁""躯体化"的量表因子均分有效提高。50例戒毒人员经过每天练习1次、每次30分钟、连续5个月的五禽戏功法练习后,其异常情绪,如抑郁焦虑,有所缓解。

神经—体液的调节增强人体新陈代谢,促进人体生命活动。五禽戏动作要求调匀呼吸,宁心安神,放松精神,伸展全身,从而休息大脑皮层细胞,提高脑细胞的活动效率,缓解交感神经系统紧张性,改善情绪。100名中老年人练习6个月后,焦虑自评量表(SAS)显示受试者焦虑水平下降,注意力提升,表明五禽戏可以增强中老年人注意力,缓解焦虑。

5.五禽戏对免疫功能的影响

长期练习五禽戏可以调节机体免疫。50名(59.2±3.0岁)中老年人经过3个月的练习,其外周血T细胞亚群中CD8+细胞明显减少,CD4+细胞明显增加,CD4+、CD8+的比值升高。中老年人的免疫机能在长期练习后得到显著提升。50名健康中老年人练习3个月后,女性外周血NK细胞活性明显提高,男性NK细胞活性有增强趋势。

6.五禽戏对机体衰老的影响

长期练习五禽戏后,老年人雌性激素水平上升,外周血超氧化物歧化酶活性增强,机体抗氧化能力、抗自由基损伤能力显著提升,可延缓衰老。75名老年女性练习4个月后,血超氧化物歧化酶、活性雌二醇明显增多,丙二醛含量升幅不明显。75名老年人练习2个月、4个月后,丙二醛、血超氧化物歧化酶、过氧化氢酶、谷胱甘肽、谷胱甘肽过氧化物酶和谷胱甘肽还原酶均有明显改善。

7.五禽戏对呼吸功能的影响

30 名 61~65 岁的老年人经 6 个月练习后,肺活量由 2.86L 提升到 3.3L;每分钟最大通气量明显提升,由 96.1L·min^{-1} 上升到 114.02L·min^{-1},肺的呼吸功能得到改善。"鸟伸"动作可以增强气体交换率:两掌上举吸气,能够扩大胸腔,两手下按,呼出浊气,吸气相长于呼气相,呼吸周期变长。"鸟飞"动作增强血液循环:两臂上下运动改变胸腔容积,配合呼吸按摩心肺。

8.五禽戏对机体平衡能力的影响

随机将中老年女性分成练功组、对照组,练习 20 周五禽戏后,沙鹏(2010)发现练习组的睁眼、闭眼平衡能力明显提升;对照组稍有降低但不明显。"熊晃"动作利用缩髋牵动大腿上提,按照顺序缩髋、起腿、屈膝,大腿不用力,向前迈步的同时身体重心向前,落步时脚掌踩实,提髋行走要手与足合、肘与膝合、肩与髋合,即传统功法的六合,同时协调根节、中节。该动作直接撼动根节,可以增强髋关节周围肌肉力量,增强平衡能力。"鸟飞"动作则强调协调人体平衡能力:单腿伸直独立,另一条腿屈膝提起,小腿自然下垂,同时两掌成展翅状。

第二节 "体医融合"视域下
五禽戏的发展情况与价值分析

没有全民健康就没有全民小康。全民健康要求坚持全民健身。目前,健康服务推进供给侧结构性改革,五禽戏具备安全性、有效性、科学性、便捷性,成为"体医融合"的代表性运动,带动其他民族、民俗、民间运动项目兴起,丰富健康服务项目种类,构建科学化、多元化运动处方库。

一、"体医融合"视域下五禽戏的发展情况

我国已进入中国特色社会主义建设的新时期,实现中华民族的伟大复兴,推进社会主义和谐社会建设的发展进程,要传承与弘扬中华民族优秀传统文化。五禽戏的核心是我国传统中医理论,辅以仿生学理论、养生理论与运动理论,形成了独特的健身理论体系,充分体现时代价值,是我国传统医

学的瑰宝。社会进步使健康概念更加丰富,人们追求身心健康和谐发展。响应全民健身运动,强身健体已经成为一种新潮流。五禽戏融合养生、运动与健身,将成为推动全民健身运动的重要途径。目前五禽戏发展仍有局限性,并未全局发展;大众普遍缺乏兴趣或并不了解。其原因是人们对五禽戏的丰富内涵及其健身价值并不知晓。传承、弘扬五禽戏首先要以新时代理论为引导,根据大众体育运动发展趋势,深入研究五禽戏内涵及其社会价值,增强民众关注度、参与度,为五禽戏的传承与发展创造有利的条件(刘于溪等,2019)。

全民健身运动旨在提升国民健康素质,积极推进社会主义和谐社会建设,实现伟大中国梦;以及唤醒民众参与体育健身的意识,促进健身习惯的形成,保障全民族的健康素质提升。目前,群众性体育健身项目呈多元化趋势发展,形成体系化发展态势。人们根据兴趣和身体素质选择合适的运动项目。大众体育健身项目的功能以健身和娱乐为主,如毽球、广场舞、健步走等,极少兼具健身和中医养生功效。作为我国古老的健身养生运动项目,五禽戏受众广泛、易于推广、组织方便,兼具健身与养生功效。

我国经济多元化发展,体育文化旅游产业迅猛发展。我国许多地区以其独具特色的体育文化为根基开发匹配的旅游项目,如甘肃金昌骊靬的毽球文化旅游、河北永年广府镇的太极文化旅游、辽宁地区的满族冰雪文化旅游、河北沧州地区的武术文化旅游等。这些项目传承、发展地方传统体育文化,整合当地旅游资源,刺激经济发展。五禽戏的发展机遇与挑战并存。应对体育消费市场的冲击,五禽戏可以走商品化道路。安徽亳州是五禽戏的发源地,有丰富的旅游文化资源,如老庄道家文化、商楚文化、酒文化、三国魏晋文化、中医药文化等,五禽戏是其中典型代表,极具开发与利用价值。背靠多元文化体系,运用市场营销学理论,利用亳州地区的资源优势,构建五禽戏商业文化基地,开发健身商品市场、旅游商品市场、教育商品市场、文化商品市场,打造亳州最具特色的旅游品牌,扩大社会知名度,传承、发展五禽戏,发扬中华民族传统文化。

社会进步使新媒体成为主要传播途径。新媒体互动性强、形式丰富、传播范围广、信息扩散速度快,有利于推广普及、合作交流、共同发展。普及、推广新时代五禽戏要充分利用网络技术。此外,五禽戏可以让学生在游戏中学习,在练习中领悟。中小学推广五禽戏符合青少年的特点,又能强身健体。亳州等地开展"五禽戏进校园"活动,学生反映积极。日后,五禽戏会逐步走入社会,融入人们生活(黄河,2019;李俊浩,2019)。

二、"体医融合"视域下五禽戏的价值分析

当前,工业化不断发展,城镇化趋势进展迅速,人口老龄化问题显现,且由于疾病谱、生活方式、生态环境改变,多种健康影响因素交织、多重疾病威胁并存的现状将持续存在,健康服务供给总体不足与需求不断增长之间的矛盾依然突出,将阻碍健康促进进程。健身气功疗法作为中医学防治疾病的关键方法,长久以来用于促进人们健康。在"非典""埃博拉"等重大疫情攻坚战中,中医学都起到了重要作用,保障着人民群众生命健康。当前,中医临床有西化的倾向,抛弃辨证论,过度依赖仪器设备,严重影响中医学发展。吸收先进经验、借鉴科学技术固然重要,但"拿来主义""取代主义"都不可行。应基于中医学精华,坚持"辨证论治""治未病"的原则,面向全人群和全生命周期,不断传承、发掘、弘扬、利用传统医学,服务生命健康。党的十八大以来,我国出台政策法规,在体育、医疗、保险、旅游、养老领域实现资源优化和跨界融合。其中"体医融合"的五禽戏作为健身气功疗法的典型代表,其健康服务资源优化组合具有很大潜力,发展前景广阔。

五禽戏涵盖健身、养生、武术、中医等领域,是国家首批非物质文化遗产,是人民追求生命健康和延年益寿的象征。五禽戏有力推动了"健康中国"战略实施,完善体育健身活动体系更具民族特色。

第六章 "体医融合"——太极拳

　　太极拳,现如今作为国家级非物质文化遗产,是中华武术的瑰宝。其涵盖了中国传统儒、道哲学中的太极、阴阳辩证理念,辅以古代的导引术和吐纳术、中医经络学与易学的阴阳五行之变化,达到技击对抗、强身健体、颐养性情、内外兼修之效,是一种轻灵、缓慢、柔和、刚柔相济的汉族传统拳术。太极拳融合养生健身性、生物医疗性、观赏表演性、竞技性、搏击性,其拳理包容"太极八卦""刚柔并济"等儒学思想和"阴阳五行"的传统医学理论。儒道思想是中华传统文化的根基和灵魂,对中国、东南亚乃至全世界的文化影响至深,仁、义、礼、智、信的思想体系至今仍有极强的社会价值。老子说:"天下莫柔弱于水,而攻坚强者莫之能胜。"太极拳拳理包含"四两拨千斤"、虚实相依、以静制动、以柔克刚的技法,受道家"反者道之动,弱者道之用"、天人合一、无为而治理论影响而成。太极拳表面舒缓绵软,实则力量深厚,是道家的"弱"与"道"的象征。国家体委在1949年改编太极拳用于体育比赛、表演、体操运动以强身健体。改革开放以后,经还原细分为比武用的太极拳、体操运动用的太极操和太极推手。2006年,太极拳被列入中国首批国家级非物质文化遗产名录。传统太极拳门派众多,在保持自身特点的同时相互传承、借鉴,呈百花齐放之态,主要有孙式、和式、吴式、杨式、武式、陈式等;现代太极拳形成于近代,群众基础深厚,极具生命力。

第一节　太极拳的理论源流

一、太极拳与中医、西医

　　首先,太极拳与中医互为载体。冷兵器时代,经过长时间的军事战争、劳动,民间形成了独特的防御术、拳术、搏击术,拳术带来的损伤与病痛需要医疗实践,完善的医疗理论体系在积累中形成,相匹配的治疗、康复导引术、健生养身术顺应发展。太极拳就是典型的例证。太极拳的形成,就是人们对传统医学理论的实践与修正,如脏相学说、阴阳五行学说。

其次,太极拳是中医学的衍生与扩展。中医学认为人、自然、社会应为一体,强调整体观。

再次,太极拳用于医疗、养生以西医理论为基础。西医强调微观,更直观,具有量化标准。运用现代科技和诊疗设备,检测人体的靶器官、组织、系统,以此判断身体情况,针对不同病情开具不同处方。现在,西医成为主流医学,人们利用西医的检测方法与设备治疗疾病。

最后,太极拳是对西医治疗的补充。太极拳可以有效缓解部分慢性病,已成为除常用药物、理疗疗法、手术以外重要的诊疗方式。如老年高血压患者,医生们通常开具处方后,建议以太极拳辅助缓解。

二、太极拳的特点

1. 把拳术与传统阴阳五行之变化相结合

易学认为,自然界一切事物的运动,无一不是阴阳的对立统一。人体是处于运动中的有机整体,其生命运动,本质是阴阳对立,在矛盾运动中统一。易学认为,凡是属于温热的、上升的、明亮的、兴奋的、轻浮的、活动的等方面的事物或现象,统属于阳的范围;凡是属于寒冷的、下降的、晦暗的、抑制的、沉重的、静止的等方面的事物或现象,统属于阴的范畴。太极拳利用阴阳变化理论,在招式运作中,阴中含阳、阳中具阴,阴阳互变、相辅而生。

2. 结合拳术与中医学导引、吐纳理论,将气功运用于拳术之中

中国古代医学家们发明了导引养生术。通过呼吸仰俯、手足屈伸的形体运动,加强血液流通,以强身健体。太极拳融合了拳术招式的形体运动与呼吸养生。第一,促进形体运动助力呼吸运动,保障人体机能正常发挥,保证新陈代谢。第二,通过拳术招式的形体运动来促进人体内部结构的形成。第三,通过拳术招式的形体运动来促进人体宗气的生成,在心脏、肺脏的协同下,将人体的通常之气通过血脉分别送入全身各个脏腑、组织、器官,达到全身表里上下、肌肤内脏,发挥其滋润营养之作用。

3.把拳术与中医学中的经络学说相结合

古代中医经络学说论述人体经络系统的生理功能、病理变化,及经络与脏腑之间的相互关系。经络是经脉、络脉及其连属组织的总称,包括十二正经、奇经八脉、十二经别、别络、孙络、浮络、十二经筋、十二皮部等,负责运行全身气血,联络肺腑肢节,沟通表里、上下、内外,调节体内各部分功能活动,具有决死生、处百病、调虚实的作用。经络系统网络全身,纵横交错,其有规律地循行和错综复杂地联络交汇,联结人体的五脏六腑、皮肉筋脉等组织器官,是人体生命活动正常运行的重要保障。太极拳运用经络学说,独创顺应经络变化的缠绕螺旋运动方式而滋生的缠丝劲。缠丝劲旋转发力,增大出拳发劲的威力,令人难以提防。

三、太极拳蕴含的文化思想

中国传统文化对太极拳影响颇深,其技术理论与道德层面都反映着传统文化的深刻内涵。《太极拳论》指出:"太极者,无极而生,动静之机,阴阳之母,动之则分,静之则合。"太极拳象征着东方文化,其动静、阴阳之美感极具巧妙。

1.太极拳体现"天人合一"的整体观

"天人合一"指人与自然、宇宙的和谐统一,扩展为内在的主体世界(人道)与外在的客体世界(天道)的圆满、和谐,是中国哲学中最基本的观点。太极拳旨在达到"天人合一、内外合一、形神合一"的最终和谐,"天人合一"渗透在太极拳的拳理和拳法中,是其理论基础和核心。太极拳的动静、虚实、开合、刚柔、轻重、蓄发、进退均反映了阴阳对立统一的理念。以中国传统哲学"一天人,合内外"思想为基础,太极拳超越一般体育项目,反映了超然的整体和谐。如太极拳的"掩手肱捶",蹬地、拧腰、转胯、含胸、松肩、出拳同时完成,以表现"松、活、弹、抖"的特点,真正将劲力贯达拳面。

2.太极拳体现形神合一的生命观

先秦后的观念认为人是个整体,由有形之形和无形之神构成两部分,形神相互依存,养身为"形与神俱,而尽终其天年"(《黄帝内经·素问·上古天真论》)。《太极拳解》阐述"心为令,气为旗,神为主帅,身为驱使",即为神之用,意到则气到,因此,"意、气"是沟通"形、神"的关键。太极拳强调"身心合修",注重"以心行气""以气运身",以"意念造型"使意在形先,意领气、气催形为入手方法,达到内外相合、上下相随而成形神合一的混元整体状态。精气神是人体生命的精神主宰、功能动力、物质基础的核心内涵,因此,"善养生者,必保其精,精盈则气盛,气盛则神全,神全则身健",张景岳在《类经》中提出生命本质在于以精气神为基础合于天道,由此衍生出生命养护在于调摄情志、形神共养。自然生命精神反映在太极拳之中,富含韵味无穷的生命意境,太极拳的生命意境由"形韵—意韵—神韵"三层次构成,体现了自然生命哲理底蕴和曲径通幽的意境神韵。

3.太极拳体现矛盾对立统一的哲学观

中国传统哲学对太极拳影响颇深,以太极阴阳学说为拳理的基本理论和行拳的根本。"道生一,一生二,二生三,三生万物,万物负阴而抱阳,充气以为和","一阴一阳谓之道"展现事物正反、强弱、生死、远近、前后、上下、虚实、难易、动静、快慢、刚柔、美丑的矛盾"负阴抱阳",相形相亲、相生相成、相互关联、相互依赖,对立统一。太极拳拳理和拳架由此而来。清代王宗岳的《太极拳论》揭示阴阳、动静、屈伸、急缓、隐现、左右、仰俯、进退、强弱、快慢、远近等十几对阴阳对立的矛盾关系,和谐由对立统一的矛盾中而生,太极拳实践融合了丰富的思想理论,太极拳术由此而来。

4.太极拳体现传统文化的养生观

事物运动正向、反向相生相成,共同构成事物运动。正反运动重新激活潜意识,恢复大脑功能,释放能量,从而延缓衰老,延长寿命。神意的反向运动也对保健养生产生积极影响。太极拳关注意识由纷杂归于平静的反向运动,促进人体的统一性,促使阴(神意气)阳(形体动作)相互孕育、相互滋生,运用整体运动强化内功,延年益寿。传统养生术的精华在太极拳拳架中深刻体现,"沿路缠绵,静运无慌",胸腰折叠,内气鼓荡,生生不已,自强不息。意养于拳,从而体内水火交融、阴阳平衡,提升生命质量,祛病强身、延年益寿。太极拳融合哲理、养生、技击,用意练拳,行拳练气,虚静其心,以心行气,结合气、心,修炼人的心理状态、精神、思想,体现道德精神论和生命本原论的深刻内涵。

5.太极拳体现中国传统文化的审美观

中国传统审美观强调对称平衡之美、圆弧螺旋之美、中正安舒之美,乃至气势之美、神韵之美、意境之美。太极拳中也展现了中国传统审美观。太极拳的招式、动作强调对称平衡,刚柔相济,阴阳合德,开中有合,合中有开,有上必有下,有前必有后;注重动作非圆即弧,非顺即逆,螺旋缠丝,裆走下弧,倒换重心,要求拳架、外形美与内在神韵美完美融合,使其造型富有美感,有理有节、有情有景,赏心悦目、意趣盎然,潇洒而凝重、轻灵而沉稳、舒展而紧凑、圆活而端庄。审美意趣的表达更加含蓄、朦胧、虚化,太极拳"运动如抽丝,迈步如猫行"正是如此。

四、太极拳的练习要领

1. 虚灵顶劲

虚灵顶劲是太极拳的基本要领,指演练太极拳要始终保持头容端正,百会穴轻轻向上领起,有绳提之意。开始时,难以领悟其拳术境界及要领,由招熟渐悟到懂劲阶段,只要严格遵守虚灵顶劲的要领,就能进入周身轻盈的奇妙境界,达到清气上升、浊气下降、随心所欲的通达和自如。

2. 含胸塌腰

含胸塌腰指在开胯屈膝时,胸脯向内微微含住,心气下降,两胁微束,腰劲自然下塌,周身血脉流畅无阻;塌腰与含胸互为前提,互为照应,不能分开进行,全身骨节处处开张,丹田中的清气方可上长、畅通至百会穴,而下沉之气顺利下沉至丹田达于涌泉。周身气由丹田起,分四路出,一气贯通。认真领悟含胸塌腰的动作要领,方能走活全身气血。

3. 松腰养气

松腰养气意为腰部放松,以养练体内浩然之正气,也是太极拳的基本要领之一。松腰养气与含胸塌腰要领有所差别。塌腰指腰劲下塌,中气自然沉入丹田;松腰意为腰部松活,以养护、养练正气。塌腰时"腰劲贵下去,贵坚实"。松腰时,"腰中要虚,一虚则上下皆灵"。松腰养气,能运周身之虚灵,促使虚实阴阳变化,足从手运,以腰为轴,圆转自如。与人交手,进退攻防,刚柔相济,松活弹抖,意到气到,足稳身固,无坚不摧。松腰先要松胯。胯为腰根,松胯才能松腰。胯松,腰松,气脉方可贯通,涌泉、丹田、百会等穴位才能一气相连。太极拳强调松腰技巧,养成浩然之气,气自阻随功夫长,方得太极神妙。

4.分清虚实

周身上下，四肢百骸，无处不有虚实之分，太极拳的动作必须分清虚实，灵活转化，才能耐久不疲，张弛轻重匀运转换，不致困顿。练太极拳时不仅双手要分虚实，双足要分虚实，左手和左足、右手和右足也要上下相随，在运动中分清虚实，左手实则左足虚，右手虚则右足实。一招一式，虚虚实实，遍藏玄机。虚，不是全无力量；实，也并非全部落实、占实。

5.沉肩坠肘

沉肩坠肘要求松胯屈膝、含胸塌腰束肋，同时将两肩井松开下沉，两肘随之下塌，周身骨节放松，心气沉入丹田，清气上升，浊气下降至涌泉，全身贯通，劲达四梢。沉肩坠肘与含胸塌腰要相互一致，只有沉肩才能坠肘，只有含胸才可塌腰，只有含胸塌腰才能沉肩坠肘。反之，则无法使周身之劲合为一体，运动时上下不随，内外不合。成势时，沉肩坠肘，含胸塌腰，膝盖与肘尖上下相对，使外三合与内三合紧密配合，全身呼应合住劲，天长日久，功夫自成。

6.以意行气

以意行气意为气受意的指挥，运行于体内，一举一动均要用意，先意动而后形动，意到气到。以意行气，用意不用拙力。以意行气中的气意为"内气"，而不是肺呼吸的空气。内气又称元气、正气、先天之气，自母胎而来。演练太极让内气出现并吸取空气中的清气、五谷杂粮精微之气合为一体形成浩然之气。太极拳作为意气运动，久练则精神集中，周身遍布脆劲、灵劲，只要意识到，便可做出迅速反应，对忽然而来的刺激，也会做出敏感、准确的相应动作，免受损害。

7.上下相随

太极拳劲起于脚跟，行于腿，主宰于腰，达于四指，须上下相随，一气贯通。由腿而腰，由腰而臂，由臂达于手指。"发令者在心，传令者在手，观色者在目。手、眼、身法、步一齐俱到，缺一不可。"上下相随须以手为引领，而手又全在于手掌、手指，中冲穴领起周身运动。手到之处，足必相随，中间胸腹自然也随手足变化而运动，上下一体，一气相连，说动一齐动，说停一齐停，紧密结合顶、裆、眼、耳、手、足、腰七体，不先不后，迎送相当，前后左右，上下四旁,转机灵敏,缓急相将。"击首尾动精神贯,击尾首动脉络通,当中一击首尾动,上下四旁扣如弓。"

8. 内外相合

内外相合意为外形动作与内气运动互相一致,密切配合。太极拳千变万化,所向无敌,其动作态势多端,以虚、实、开、合四字为核心。从头顶到足尖,内有五脏六腑、经络筋骨,外有肌肤皮肉、毛发,四肢百骸处处相连为一体,破之而不开,撞之而不散,打之而不乱,以意行气催形变。拉开之时,不但手开足开,心中意念随之也开;闭合之时,不但手合足合,心中意念也与之俱合。一招一式,凡上欲动下自随神往,凡下欲动上自领神去,凡上下动中部和神策应,凡中欲动上下辅神主之,内外相连,前后相需,虚实开合,浑然一体,发力自然会迅猛而机灵。内外相合以上下相随为基础。但也只有达到内外相合的阶段,上下相随才会最完美地得到表达。演练太极拳不可上下不随,更不可内外不合,舍此便使周身散乱无主。

9. 招式相连

招式相连是指打一整趟太极拳不仅一动全动,周身相随,而且招式之间不丢不顶,圆转自如,一气呵成,内劲不断,滔滔不绝,浑然而成。太极拳招式相连因为其是以意行气、以气运形的拳术运动。用后天拙劲是为大忌。拙劲貌似刚强,但因其有起有止,有断有续,旧力尽时,新力未生,最易被人乘隙而击。以意行气,用以内气,拳路自始至终,招招式式均由意念牵引,绵绵不断,循环无穷。招式相连在手法遇到往复时,要嵌进折叠。如上一动作将终,在下一动作之先,如下一动作要往下和往前行,那么就要先向上一折,再往后一叠,然后接做下一拳式,这样就会呈曲线缓和运动。步法上遇到进退时,要嵌以转换,迈步向前或退后走弧形,均不可直进直退,要有以步随身和身随眼动、似松非松、将展未展的神态。开合,收放,寓意收即是放,放即是收。招招式式,以意贯之,形断意连,劲断意不断,神气运行,源源不断。慢到方时快,快到圆时慢,极其匀称地配合着开合,如玉环的无端,看不清衔接在何处。拳情拳晾,如层峦叠嶂,江河奔流,自有无穷美感。与人搭手,进退攻防,不呆不滞,立于不败之地。

10. 动中求静

太极拳是在绝对、永久的运动中进行的,坚持"以静制动"的原则,避免外家拳术以跳跃为本,用尽气力去拼搏,练过之后气喘吁吁的弊端。在绝对、永久的动之中求得相对、暂时的静,并于短暂的体形静态之中继续完成意念运动,调理身体内部因外部变化而带来的短暂的不协调,使自己在顷刻之间达到上下相随、内外相合,以应御外来之动,克制对方不协调的短暂瞬间,一举制敌。动作虽各式各样、千变万化,但在绝对动的形态下进行却又贯穿着动中有静的自然规律,是一套无与伦比的具有无限生机的内家拳术。太极拳有着动中有静与静中有动的自然运动规律,顺其道而行,在拳路运动中自然结合动与静,该动则动,该静则静,兼具节奏性、规律性、变化性。演练中以慢为上,保持虽动犹静法则,动作紧密配合呼吸,将气沉于丹田,保持身体血脉经络相通,使演练者大脑神经中枢保持兴奋和抑制过程的平衡,在运动中求得安定和沉着。

第二节 "体医融合"视域下
太极拳的发展现状与价值分析

太极拳可以有效缓解病痛,促进身体健康。太极拳作为提升国民体质的重要手段,发展前景广阔。与此同时,太极拳的文化属性也引起了人们的关注,被冠以"哲拳""智慧拳"等彰显文化价值的名称(王润生,2019)。

一、"体医融合"视域下太极拳的发展现状

太极拳流派众多,导致信息交流较少,尚未形成统一的太极之风。太极拳练习者覆盖男女老少各年龄段,但练习之法并不相通,尚未建立良好的沟通,导致拳法有所不同,太极拳运动不统一。人们按照自己的形式运动,会阻碍太极拳运动的发展,让太极拳运动只存在于那些喜欢这个运动的特殊群体中(王润生,2019)。

二、"体医融合"视域下太极拳的价值分析

例如,烟台市东山太极拳社有相当多的老年爱好者。针对其中 30 名爱好者开展对照测试发现,高血压、冠心病患者练习一个疗程(4 个月)后,血压显著降低,有效率达 80.2%;其中练习杨氏太极拳 1～3 遍的老年人,外周循环改善,外周血管阻力降低,心血管功能增强。小强度运动(最大心率

50%~70%)对冠心病患者风险最低,而太极拳柔和、安全,对冠心病患者康复非常有利。12名中老年2型糖尿病患者经过8周太极拳练习后,其红细胞胰岛素受体数量与胰岛素受体结合力显著上升,血糖水平显著下降,血胰岛素水平无明显变化。太极拳练习提高胰岛素受体敏感性,改善糖尿病患者症状,控制并发症。

养生、健身都是中医、西医学研究与技能的关键。太极拳"以意运气、以气运身、气力合一"的呼吸方法可以增加太极拳练习者心率变异性,改善心功能指标;增加最大摄氧量,提高气体交换能力,增强呼吸系统的功能。太极拳中重心下沉或单腿站立时,要求下肢柔韧性较好,可以提升下肢的灵活性、关节的柔韧性,强化下肢肌力。太极拳可以促进老年人养生、健身,延年益寿。

1.促进人们现代健康价值

中医、西医均认可人的健康是整合身体与心理的观念。基于中西医学理论体系,健康的内涵被深化、扩展为身体、社会适应、道德、心理等方面。体育可以舒缓精神压力、促进心理健康,太极拳在健身、养生、生物医疗等方面意义重大。太极拳在群体演练的过程中加强沟通,提升社会适应能力,促进人与集体、社会融为一体。基于中西医理论,现代太极拳运动承载了中国数千年儒家、道家思想文化,练习太极拳不仅可以强身健体,还能深刻感受中国传统文化内涵。在交流切磋中,培养武德,形成良好的思想道德品质,树立正确的道德观,弘扬传统文化。

2.促进健康生态体系的构建价值

太极拳适宜在安静、清新的环境中练习,如于密林幽静之处放松身心,接受洗礼。我国实施全民健身、"健康中国"战略,人们重视生命健康,太极拳的医疗、保健功效促使参与练习的人口越来越多,人们开始练习太极拳来治疗疾病、调适状态、养生保健。练习太极拳能够促进人们身心健康,增加文化素养,增强社会适应能力,树立正确的道德观,构建良性健康生态体系。

3.促进中西医学文化交流价值

体育与医疗互通互生,太极拳可以促进中西医学取长补短、相互扬弃。在孔子学院不同国家的人们对中西医医学认知(如疾病病因、发病机制、医疗实践)有所不同,以太极拳为载体可以促进交流,在学习、探讨的过程中丰富中西医学理论、疗法、康复、养生、健身认知。现代太极拳是中国的象征符号之一,有利于促进中医学的传播与发展。

中国历史悠久,传统民族文化丰富,太极拳文化之所以能够成为中国文化的名片长盛不衰原因在于其符合中国国际形象和中国人的群体特征。如"静观其变、四两拨千斤"的大国方略、"人不犯我,我不犯人"的国人思维,都代表了中国国家和国民的处事风格。世界也开始接受并推崇这种中国特色思维方式。太极拳运动在传承和弘扬中国传统民族体育文化和国际政治与经济交流中地位显著。

现在,人类重视精神诉求,追求健康、和谐的生活方式。太极拳是一种良好的休闲锻炼手段,可以强身健体,受到更多年轻人的青睐。全民健身运动推动大众健身设施建设,带动太极拳运动的普及和弘扬。

科技发展推动信息获取渠道多样化,互联网更是促使地球村形成。文化与信息的冲击引起崇洋媚外的现象,人们对中华民族优秀传统文化缺乏认同感。传承、弘扬太极拳运动可以缓解这种现象,唤醒中国优秀传统文化,发扬奋发向上、正气浩然、自强不息、厚德载物的民族精神,展现中华民族不屈不挠、外柔内刚、儒雅自律的品格特征。太极拳最高境界是人拳合一,反映了中国天人合一的自然观。人是自然环境的一部分,长久的修炼,可以使人回到淳朴的自然状态,消除矫饰和虚浮不实,促进身心健康、和谐。太极拳的健身养生功效因人而异,会产生不同的治疗效果,但都是提升国民身体素质,为经济发展奠定基础,营造和谐大同的社会氛围。

当前,太极拳不仅是强身健体的养生健身手段,其代表的中庸理念更是为人处世的原则。太极拳运动代表了"体医融合"项下的健身运动,引导人们修身养性,重视身体健康,追寻慢节奏生活,形成健康的生活方式。

体育与医疗以各自专长在社会生活中发挥不同作用,但鲜少被主动融合在一起。"体医融合"战略以体育运动的方法辅助医学诊疗,以减轻医疗体系压力,增强人们身体素质。作为中国传统健身养生运动,太极拳运动因其"医学渊源"和"医学特质"被赋予了新的内涵,其哲学思想深刻,运动锻炼量柔缓,受众范围广泛,社会知名度较高,成为大众性、娱乐性的锻炼方式。太极拳跨越不同领域鸿沟,推动经济社会发展,在新时代的发展中承担了重要角色。

　　"体医融合"战略重塑了体育运动与身体健康的关系,不是只有运动员才能进行体育运动,体育关系着人的身体健康,引发了广泛的体育运动活动,全民健身,全民运动。太极拳运动的蓬勃发展带动健康管理、健美行业、健身行业发展,配合全民健身运动,切实增强国人的体质健康(潘燕,吴荣荣,2018)。

第七章 "体医融合"——八段锦

八段锦起源于北宋,其健身功法完整、独立。八段锦的"八"字,不仅是指八段、八个动作,另寓深意更是指其功法包含多种要素,相互联系、制约,循环运转。明朝高濂在《遵生八笺》中指出"八段锦导引法":"子后午前做,造化合乾坤。循环次第转,八卦是良因。"古人又把这套动作比喻为"锦",所谓"锦",即"金""帛",意指动作完美、绝美华贵,编排精致,可祛病养生;同时,"锦"还代表单个导引术式的汇集,完整如丝锦不断。八段锦分为坐势、立势,静动兼练。

第一节 八段锦理论源流

中医认为经络是人气血运行的通道,内联脏腑,外络肢节。八段锦每一式的歌诀均有调理脏腑的功效,运用传统健身术选择有效的动作,强调上下肢的协调配合,动作柔和,连贯自然。编创八段锦以气功锻炼固有规律为基础,重视"意""气""形",以达到"天人合一"。其功法基于传统的 8 个动作,增加预备势和收势,完善功法套路,符合人体运动规律,方便易学。在编排次序和运动强度上,符合生理学、运动学规律,"柔和缓慢,圆活连贯;松紧结合,动静相兼;神与形合,气寓其中",安全科学。八段锦练习时间较长、强度较小,可以消耗更多能量,消结化瘀,降脂降压。

一、八段锦的发展概况及内容分析

作为我国古代极有名的气功功法,八段锦流传甚广,曾被喻为多彩的锦缎。其融合了运气吐纳、肢体活动及心理调整,长期练习可调节内脏器官,调息顺气,疏通经络,强身健体。作为我国独有的传统健身养生方法,八段锦已有五千多年的历史,是中华民族悠久历史文化的重要组成部分。八段锦分为八套依次连贯的图式,有坐八段锦与立八段锦、文八段锦与武八段锦、北八段锦与南八段锦、少林八段锦与太极八段锦之分。八段锦动作流畅、筋柔骨正、静动相容、有紧有松、连绵柔和,如锦缎般优美、柔顺,深受我国健康养生爱好者及知识分子喜爱。当前,为增强高校学生身体素质、提升身体机能、培养坚韧品质思想,高校在体育教学课程中增设八段锦,发挥其强身健体的作用和意义(李若愚,2014)。

八段锦要求练习者巧搭鹊桥,叩、漱、吞、咽,从而产生唾液,保津益气。中医认为津即咽下,在心化血、在肝明目、在脾养神、在肺助气、在肾生精,自然百骸调畅、诸病不生。同时,唾液中富含淀粉酶、溶菌酶、黏液球蛋白、免疫球蛋白、无机盐、碱性离子和多种活性因子,促进消化吸收,改善糖代谢,中和胃酸,保护和修复胃黏膜,可以杀菌、解毒、免疫、抗癌、抗衰老,促进组织细胞再生。八段锦强调固肾壮腰,加强躯干的折叠练习;站桩姿势、行进和蹲起的运动,可以防止血钙流失,增强腿部力量,强化重心平稳;基于足部反射区原理,墩足加强刺激生殖和泌尿系统的反射区,以壮骨、补肾。中医理论有"肝主筋,喜疏泄条达"的观点。八段锦中的伸展性动作,如抻筋拔骨可以疏泄肝气,增强柔韧性,引体令柔。"肾主骨,藏精、生髓"意为充盈的肾气可以增强体魄、增强智力。从中医经络方面进行探讨,八段锦以形体为引,调节人体经络气血运行,改善脏腑功能,从而祛病健身。另外,中医认为糖尿病以脾病为主。脾主运化、升清、统血,胃主受纳、腐熟、降浊。脾胃为水谷之海,气血生化之源,是人体饮食消化吸收的中枢,为人体后天之本。八段锦以中医理论为基础,调理脾经、疏肝健脾,引导筋肉、行气养血,缓解糖尿病,有助于其康复。

二、八段锦功法的特点

1. 柔和缓慢,圆活连贯

柔和意为动作不僵不拘,轻松自如,舒展大方。缓慢要求身体重心平稳,虚实分明,轻飘徐缓。圆活要求动作路线带有弧形,不起棱角,不直来直往,符合人体各关节自然弯曲的规律。连贯强调动作的虚实变化和姿势的转换衔接,无停顿断续之处,如行云流水连绵不断、春蚕吐丝相连无间。

2.松紧结合,动静相兼

松意为放松肌肉、关节、中枢神经系统及内脏器官,由意识支配,人体呼吸柔和、心静体松,同时松而不懈,保持正确的姿态。紧强调适当用力,缓慢进行,尤其以前一动作的结束与下一动作的开始之前为关键,如"双手托天理三焦"的上托、"左右弯弓似射雕"的马步拉弓、"调理脾胃须单举"的上举、"五劳七伤往后瞧"的转头旋臂、"攒拳怒目增气力"的冲拳与抓握、"背后七颠百病消"的脚趾抓地与提肛等动作。紧体现在一瞬间,放松要求从始至终。松紧要求配合适度,以平衡阴阳、疏通经络、分解黏滞、滑利关节、活血化瘀、强筋壮骨、增强体质。

动与静主要是指身体动作的外在表现。动强调意念引导动作轻灵活泼、节节贯穿、舒适自然。静强调动作的节分要沉稳,尤其在缓慢用力之处,外观稍有停顿之感,实际内劲未停,肌肉持续用力,牵引抻拉。适当用力并延长作用时间可以刺激身体运动部位,增强运动效果。

3.神与形合,气寓其中

神意为人体的精神状态和意识活动及在意识支配下的形体表现。"神为形之主,形乃神之宅。"神与形相互联系、促进。八段锦功法处处体现对称与和谐,内实精神、外示安逸,虚实相生、刚柔相济,意动形随、神形兼备。气寓其中意为以精神的修养和形体的锻炼,促进真气在体内的运行,最终实现强身健体。练习本功法时,呼吸应顺畅,不可强吸硬呼。

三、八段锦练习要领

1.松静自然

松静自然是练功的基础和最根本的法则。松意为放松精神与形体。放松精神强调消除心理和生理的紧张;放松形体意为放松关节、肌肉及脏腑。放松应由内到外、由浅到深,形体、呼吸、意念轻松舒适,无紧张之感。静意为思想和情绪平稳安宁,排除一切杂念。放松与入静相辅相成,缺一不可。自然意为形体、呼吸、意念应顺其自然。形体自然要求合乎规格、准确规范;呼吸自然要求莫忘莫助,不能强吸硬呼;意念自然强调"似守非守,绵绵若存",否则会导致气滞血瘀、精神紧张。八段锦的"自然"不等同于"任其自然""听其自然",而是"道法自然",要在练习中领悟。

2. 准确灵活

准确意为方法、姿势合乎规格。初学要求基本身形准确,可以练习站桩的预备势,时间、强度因人而异。身形锻炼应重视身体部位的要求和要领,克服不良反应,如关节肌肉酸痛等,以顺利放松入静。动作学习要分辨动作的路线、方位、角度、虚实、松紧,姿势要工整、方法要准确。灵活意为及时调整动作幅度的大小、姿势的高低、用力的大小、练习的数量、意念的运用、呼吸等,以身体素质为基础,及时调整,尤其是体弱者和老年人群。

3. 练养相兼

练意为有机结合形体运动、呼吸调整与心理调节。养指通过练习,使身体轻松舒适、呼吸柔和、意守绵绵。练与养相互依托,相互促进,练中有养、养中有练。科学安排练习的时间、数量,掌控强度,协调好"意""气""形"。"饮食有节、起居有常"也体现了练养相兼的理念,保持积极、乐观的心态,可以增强练功效果,促进身心健康。

4. 循序渐进

八段锦的学习难度和运动强度较大。初学时,练习者要克服身体不适,如手脚配合不协调、肌肉关节酸痛、动作僵硬、紧张、顾此失彼等问题。练习积累后,姿势会逐渐工整,方法逐步准确,动作的连贯性与控制能力得到提高,动作要领的领悟加深,对动作细节更加注意。

四、八段锦蕴含的文化思想

1. 八段锦与气一元论

中国古代哲学认为宇宙的本体及规律由气构成,气化生万物,人的生命运动的本质也是气的变化。古代养生家认为元气是生命之根、活力之源,养气和补气十分重要。庄子认为"人之生,气之聚也。聚则为生,散则为死"。八段锦重视气功法,反映了"气一元论"思想。

2. 八段锦与阴阳学说

阴阳学说以朴素唯物论为基础,包含朴素辩证法,是我国古代的一种宇宙观和方法论。阴阳学说强调阴阳之间的对立制约、互根互用,万物始终处于不断的运动变化之中,不是静止和不变的。坐式八段锦功法就强调入静。

入静不等同于静止不动,叩齿、咽津、鼓漱、运气、火烧丹田等是内动,鸣天鼓、撼天柱、摩后精门、左右辘轳、叉手托天、攀足等是外动,最后以静结束。动静结合,动为阳,静为阴,二者相互对立、相互依存、共同作用。坐八段强调动静结合,体现了阴阳学说思想。

3. 八段锦与道教文化

道教是我国的传统宗教。道教的养生思想推动我国养生文化的形成和发展。可以说没有道教就没有八段锦。《修真十书》作为道教非常重要的经典典籍,最早记载坐式八段锦完整功法;古代八段锦的练习者也以道士或道教信徒为主。八段锦最初作为道家的一种修炼方法而萌芽,经过不断发展完善又定型于道教的典籍之中。

4. 八段锦与儒家文化

儒家一直作为中国传统文化的正宗,其思想处处可见。坐式八段锦在明清时期非常盛行,正是因为其体现了儒家"中庸""过犹不及"的思想,其姿态端庄,动作幅度小,重视内心静修,可有效缓解头、颈、肩、腰疲劳。

5. 八段锦与佛教文化

佛教发源于印度,是一种舶来品。西汉末年传入我国后落地生根,成为中国传统思想的重要内容,影响了气功、养生保健、武术等发展。佛教强调坐禅入静,要求"四大皆空",断除一切烦恼,注重"戒""定""慧"。推动了中国传统养生功法的产生和发展,如坐式八段锦强调入静,功法首句为"闭目冥心坐,握固静思神",意为摒除杂念为始,平心静气,方可开展后续动作,体现了"四大皆空""灵台清静,静能生慧,慧能生智"的佛教思想。

6. 八段锦与中医文化

古人总结防疾治病经验汇总为中医学,成为中国传统文化的瑰宝。中医理论积极影响了中国传统养生体育,后者传承了中医养性益寿的理念。太极拳、气功、八段锦等中国传统养生体育项目继承了中医阴阳平衡、精气神合一的传统养生理论。医学家发现坐式八段锦可以健身防疾、练精养气,尤乘、徐春甫、曹无极等明清医家的医著中均有体现。

五、八段锦对健康的影响

1.八段锦对呼吸系统的影响

我国老年人常患慢性阻塞性肺疾病,该病存在且气流受限且通常是进行性加重,气道和肺对有害颗粒和气体产生的慢性炎症反应增强。练习八段锦能够延缓肺功能的下降速度,增强肺活量,改善老人活动耐力,缓解咳嗽、咳痰等症状。

2.八段锦对内分泌系统的影响

2型糖尿病常造成人体血脂、血糖水平异常,作为慢性内分泌代谢疾病严重危害老年人身体健康。练习八段锦能够降低其血糖与糖化血红蛋白检测值,加强脾胃运化,规律人体水湿运化,帮助2型糖尿病患者康复。同时,呼吸吐纳、调节心理可以改善精神状态。

3.八段锦对循环系统的影响

老年人常患原发性高血压。练习八段锦后,原发性高血压1级患者血清一氧化氮的合成与释放明显改善,血浆内皮素1的产生与释放下降,人体收缩压及心率明显下降,血管内皮舒张功能增强。同时,患者心绞痛发作次数与发作持续时间明显下降。

4.八段锦对神经系统的影响

中风病是中国老年人的常见病之一,严重影响患者生命质量。练习八段锦可以帮助中风患者身体康复,同时还可以缓解老年性痴呆症状。

5.其他作用

造成老年人死亡的主要因素之一是跌倒,八段锦能够增强老年人运动控制能力,提升运动协调性和姿势稳定性,预防老年人跌倒。八段锦可以缓解膝关节骨性关节炎和老年慢性下腰痛,并辅助针刺缓解躯体形式疼痛障碍,能够身心同治,治已病、防未病。练习八段锦能够提升人体肾、脾、肺等脏腑功能,调节水湿运化,改善痰湿体质。

第二节 "体医融合"视域下
八段锦在高校的发展建议

目前,高校学生身体多为不健康或亚健康,缺乏运动意识及养生观念。学生对校内体育课程的参与度与积极性较低,重视程度不够,逃课现象频发,严重阻碍了高校体育课程的开展。高校应以学生实际身体状况为基础,在体育教学中融入八段锦,鼓励、引导学生练习八段锦,调节大学生的身体健康状况,强身健体。

一、更新教学理念,丰富体育教学内容

高校体育老师应以学生身体状况为基础,更新教学理念,设置体育课程。解放思想,与时俱进,合理融合八段锦气功功法,提升学生学习的积极性与参与度,推动八段锦气功功法在大学体育中的发展,挖掘其深刻作用。

二、做好示范,引导和鼓励学生自主探究和练习

教授八段锦气功时,高校体育老师应以身作则,演示动作要连贯、准确,共同练习、一起进步。体育老师应尊重学生的主体地位,依据个性化特征,设置有针对性的教学计划。有意识地引导学生开展自主探究、主动练习,深刻领悟八段锦的精髓,培养持之以恒的精神和坚韧不拔的意志,强身健体。

三、创新体育课程的教学模式和方法

体育老师要多样化教学,运用竞赛式教学法、游戏化教学法融合八段锦,通过竞赛活动提升学生参与度和积极性。

"体医融合"应发挥优势、相互补充、相互促进,而不是简单的"体育＋医疗"。医学技术为大众体育和竞技体育的运动伤害服务,为体育事业的平稳快速发展奠定基础。除了强身健体的功效,体育运动在疾病预防、辅助治疗和恢复健康方面作用显著,有利于提升医疗服务水平,推动覆盖全人群、全生命周期的健康服务体系的形成,体现了体育在"健康中国"战略中的战略意义。应鼓励、引导"体医融合",共同为人民健康做出贡献(李晓峰、陈利,2018)。

第八章　老年健康服务与"体医融合"

第一节　"体医融合"老年健康服务的
产生背景和发展现状

　　我国人口平均年龄持续上升,人口老龄化将在 2022—2030 年进入急速发展阶段,2050 年我国 65 岁以上人口将占总人口的 31.3%。老龄化社会导致老年人群持续增多,高血压、骨质疏松老年患者增多。近年来,运动即良药理论在欧美盛行,反映了现代医学对体医融合的认可。运动作为有效的药物复方制剂,能够减轻药物引起的不良反应,缓解慢性疾病的发病机制和症状。"体医融合"的健身模式引导老年人科学、有效地运动,降低运动损伤,养生保健,延年益寿。身体是根本,人们越来越重视身体健康。中共中央、国务院出台《全民健身计划(2016—2020 年)》,旨在提高国民身体素质。体医融合引导人们科学、合理地运动,是促进全民健康的关键途径。

　　现在,经济社会繁荣发展,人们越来越重视身体状况,"体医融合"健身模式开始发展。2004 年,国民体质监测中心、康漫健康俱乐部、北京市现代阳光体检中心共同组建北京郡王府阳光康漫健康管理中心,这是我国第一家带有医疗健身功能的"体医融合"俱乐部(罗竣升、陈齐,2008),标志着"体医融合"健身模式正式开始发展。本书根据以上案例总结出"体医融合"健身模式(如图 8-1 所示)。

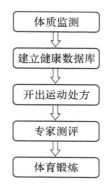

图 8-1　"体医融合"健身模式

第二节　"体医融合"老年健康服务的必要性和可操作性

一、"体医融合"老年健康服务的必要性

"体医融合",也就是体育和医学紧密结合,相互交织,相互渗透,共同服务于健康促进。当前"体医融合"构建是符合卫生健康发展需要的,其中控制和降低慢性病的发生率,改善其健康状况,减少医疗费用和减轻社会负担尤为重要。老年疾病控制势必要求医疗卫生部门与其他部门之间相互合作,体育是促进健康的理想手段。相关资料显示,如果大力推行老年健康服务,未来中国老年人心脑血管疾病将会下降三至五成。因此,医疗卫生与体育锻炼相互融合为老年健康促进服务是非常必要的。

二、"体医融合"老年健康服务的可操作性

我国传统的体育养生功法,其中大部分的理论基础是中医医学的阴阳、五行等相关理论。其实这些很早以前的养生功法就体现出了"体医融合"的思想。而现代医学也越来越强调各种保健手段相融合,体育保健运动也是其中一种。因此,提倡"体医融合"的理念,开展"体医融合"促进健康的服务模式是继承自我国原有的体育保健的基础上的,具有可操作性。

第三节 "体医融合"老年健康服务模式的探索

一、"体医融合"老年健康服务的管理组织构架

社区的环境比较适合提供"体医融合"的老年健康服务,构建高效的管理组织、有效的相关资源,是老年健康服务的重要保障。高效的管理组织在"体医融合"健康促进中扮演重要角色,必不可少。据了解,体育健康服务一般都通过居委会组织、社区相关体育组织、街道办事处、居民自发体育组织等组织开展。目前街道办事处代表的是上级政府,居委会相当于自组织,但也受上级政府领导。提供"体医融合"的体育健康服务时,这种条件的限制可能不尽相同,需要相互协调才能使体育与医疗两方面良好结合。

二、"体医融合"老年健康服务的活动内容构架

"体医融合"健康服务活动都要依托一种媒介,这种活动是实现"体医融合"健康服务的基础。经过资料查阅和考察总结得出,目前"体医融合"的健康服务活动主要有居民体质监测、居民健身指导、居民健身宣传三种形式。这三种健康活动是全民健康战略的重要内容。体质监测是体育和医疗共同监测的,用体育的手段检测体质,用医疗的手段检测疾病问题。居民的健身指导也需要用到医学的知识保障其健身的科学性,同时也要以运动体育的手段进行。这三种活动是小范围最适宜的活动内容。

三、构建"体医融合"老年健康服务模式的问题及对策

1."体医融合"老年健康服务模式存在的问题

一是社区体育公共服务管理权责不明确。当前人们对这种健康服务模式的认识并不深刻,以至于很多管理部门、社会组织认识的理念各不相同。民政部门认为该归为公益事业,社区组织认为该由政府负责等,这种情况导致各部门在进行老年健康服务的过程中相互推诿,致使很多资源浪费,还没有收到实际效果。

二是体育和医疗两大系统配合积极性不高。我国的体育和医疗是两个

不同的系统,相互联系比较少。因此互相之间合作相对较少。我国目前提供老年体育健康服务的主要还是政府、企业和自组织。在很大程度上这些都是由各类与体育相关的组织机构为主体提供的。从组织和服务内容上看,体育健康服务突出了体育运动服务的特点,很少或没有与其他健康有关方面的机构合作,提供具有互补性的综合体育健康服务产品。很多人认为,医疗卫生就是治病,体育运动就是锻炼身体和拿奖牌,而忽略了体育与医疗卫生之间共通的地方,"体医融合"的理念还未被人们熟知。

2."体医融合"老年健康服务模式的对策

一是加强新健康理念的宣传,激发人们的主动性,行政部门要去除各管各的、互不干涉的狭隘思想,体育、医疗主管机构应该积极开展协作,通过共同参与、协商的形式制定各项政策和条例性意见,大力推广"体医融合"促进健康的新观点,激发社会各界多方面参与,形成良好的大健康氛围,为"体医融合"老年健康服务落实剔除体制上的障碍。

二是充分挖掘当地可用资源,动员群众自身的积极性。现在很多地方由于经费的问题,"体医融合"健康促进项目难以开展。事实上社区可以充分挖掘当地的相关医疗和体育资源,包括场地、器材和人力等。重视人才培养,发动社会各界参与进来,政府部门可以制定相关政策,支持高校根据不同社区的实际需求,开展相适应的专业人才建设,重点培养以医学和体育为基础的复合型人才,在选拔和引进人才时,能够给予一些待遇上的优惠,政府管理部门创造一个较好的工作和生活条件,吸引相关复合型人才到基层参加工作和服务。

第四节　"体医融合"老年健康服务的实现路径

一、"体医融合"老年健康服务实施的指导思想

构建"体医融合"的老年健康促进的顶层设计和理论,要运用管理学和公共服务理论(卫生·体育),结合医学研究和体育健康促进,系统深化老年健康科普教育的内容和方法,科学、高效地科普老年健康教育。国家层面出台公共政策,强化老年健康促进行为,降低各方面的经济成本,推进"健康中

国"战略实施。目前,基于体育科学和医学健康促进教育的进步,"体医融合"理论正趋于成熟,其健康促进体系以预防为主、防治结合。其中,"体医融合"的老年健康促进体系以健康促进理论为基础,是推进"健康中国"战略的重要内涵。

二、"体医融合"老年健康服务实施的难点

目前,针对健康促进不足、健身理论欠缺、主动健身意识薄弱等问题,我国致力于构建"体医融合"健康促进模式,由政府主导、部门协作、全民参与,以增强科学、健康健身指导,加强体育运动,形成科学、健康的生活方式。以健康促进需求和健康知识态度行为状况为基础,实行老年健康促进,从过去简单的健康知识传授,转变到强调健康行为的形成。从国家层面来看,目前老年健康科普教育缺乏系统规划,活动内容、形式不够深入,在健康管理与促进方面的科普效果不大。

三、"体医融合"老年健康服务实施的具体路径

1.建设政府主导的"体医融合"老年健康促进体系

目前,有效推进老年健康促进计划需要积极推进老年健康行为的形成与发展模式研究。同时,必须强化政府主导作用。①加强顶层设计:建立国家级工作小组,开展相关政策研究,如省市级卫生计生委与体育部门成立专门工作小组,建立跨省合作网络平台等;②建立健全常态化机制:建立科学支持基础,增强科学性,将体育科学研究成果与医学健康促进研究结合,转化为老年健康促进科普的教育内容。

2.完善激励老年人持续实施个人健康促进的公共政策

老年群体的健康促进存在意识薄弱、效果滞后等问题,要想解决上述问题,政府应制定科学、合理的公共政策,形成常态化工作机制,有效引导老年群体开展健康促进,如老年慢性病"体医融合"防治干预工程、老年健康科普教育工程等。

3.加强体育促进老年健康生活方式与慢性病健康管理

当前,"体医融合"下的健康生活方式与慢性病健康管理研究成为健康促进研究的两大关键。财政支持体育医疗合作项目;在医院设立体育医学

服务中心,实行医生与运动营养指导师共同诊疗模式;制定老年疾病预防科普教育、健康管理计划等。

4.强化老年健康促进专业人才队伍培养及行动成效

制定人才专业培养模式,医学基础教育中设置体育医学学科,加强医务人员培训;国家体育总局人力资源中心的社体指导员教育考核体系设置科学锻炼和医学健康内容;强化社区健康促进队伍培训,科学、规范、有效地为社区居民提供健康促进服务与指导。

"体医融合"代表了预防为主的健康促进理念,强身健体与预防、愈后康复融合,可以节约医疗资源。政府应主导"体医融合"实施,以社区卫生管理系统为核心,体育健身与医疗卫生系统共同推进。

第九章　推进"体医融合"发展的建议

　　"健康中国"致力于促进国民健康,"体医融合"体现在实施的全过程。全民健身计划被正式提升为国家战略,政策性指导意见的出台代表着理论框架的成熟,浙江省深化医疗卫生服务改革,实现"最多跑一次"的目标,构建整合型医疗卫生服务体系,推进县域医共体建设,高位推动、创新体制机制,取得显著成效。

第一节　浙江省"体医融合"发展经验与主要成效

一、浙江省"体医融合"发展经验

1.高位推动改革,加强顶层设计

　　浙江省委、省政府高度重视县域医共体建设。自 2017 年试点开始,省委、省政府主要领导多次召开会议、做出批示,确立浙江医疗卫生领域改革的"金名片"——县域医共体建设。2018 年 9 月,在湖州市德清县,浙江省委、省政府召开全省县域医共体建设现场推进会。省委书记亲自动员部署改革任务,省长提出具体要求,省委副书记、省委常委、副省长等领导出席会议,各市、县党政"一把手",省直部门、省属公立医院以及各级卫生健康、人力资源社会保障等部门主要负责同志参加会议。会议结束后,浙江省委办公厅、省政府办公厅联合下发《关于全面推进县域医疗卫生服务共同体建设的意见》,将紧密型医共体建设作为浙江省构建整合型医疗卫生服务体系的主要抓手及深化县域综合医改的重要平台,要求浙江各地全面推开县域医共体建设。

2.完善治理体制,健全管理体系

一是探索建立县域医疗卫生治理体制,做到"既要管好、更要放活"。各级政府负责牵头,成立医共体管理委员会或理事会,负责统筹规划、投入、监管对医共体的建设。转变政府职能,下放权限,涉及财政和编办、发展改革、人力社保、卫生健康等部门机构。确定医共体治理架构唯一法定代表人,其在医疗业务发展、职称晋升评聘、收入分配、财务调配、人事管理等方面的经营管理享有自主权。政府不再进行人才招聘、职称评聘等工作,减少干预。同时,政府部门制定权责清单,厘清医共体管委会及卫生健康部门、医共体的权责分工,构建权责对等、分工明确的治理体系。

二是医共体内建立管理机制,构建整合型一体化的县域卫生医疗服务新体系。重点抓好"三个一",即以每个县(市)和满足条件的市辖区二甲以上的县级医院为核心,其他县级医院、乡镇卫生院为成员,成立1～3个医共体,综合人、财、物,组建统一的共享服务中心,以达到信息互通互联、资源共享的目的,使县乡机构成为"一家人"。医共体统一招聘、培训、管理、调配工作人员,科学配置和有效激活人才要素,实现人员使用"一盘棋"。同时,设置财务管理中心、设立总会计师制度,医共体统筹财政补助资金的使用,实现财务管理"一本账"。

3.完善运行机制,激发机构活力

一是深化医疗服务价格改革,理顺医疗服务比价关系。按照腾空间、调结构、保衔接的原则,新一轮的调价工作已在宁波、湖州等13个试点市、县(市)开展。2017年,湖州市长兴县开展药品集中采购价格谈判工作,加强管理使用环节,调整门诊、住院诊查费、急诊查费、等级护理费价格,总额度达1800万元,医疗服务价格调整部分同步纳入医保报销范围。目前,长兴县正启动实施第二轮医疗服务价格调整工作。

二是强化药品耗材全流程改革。完善全省"三流合一"采购交易平台,在医共体设立唯一采购账户,实行统一采购、配送和支付,统一县乡用药目录,实施慢病长期处方。

三是推进薪酬制度改革。制定《浙江省公立医院薪酬制度改革指导意见》,合理确定公立医院的工资总量和薪酬水平,实施公立医院自主分配,深化公益性为核心的考评机制,加快公立医院主要负责人的薪酬体制改革,完善高层次人才和科研项目等激励机制。如湖州市建立了"1＋X"公立医院薪酬制度体系,即制订1个实施方案,配套绩效工资总量核定、医院院长和业务骨干年薪制、特定岗位津贴、院长奖励基金等多项制度。

四是推进医保支付方式改革。对医共体实行医保总额预算、结余留用、合理超支分担。推广住院服务按DRG,门诊服务结合家庭医生签约、按人头付费等改革。

五是开展"最多跑一次"改革。省市县三级医院联动,对群众就医感受度最高的挂号、就诊、住院等"关键小事"的薄弱点和全流程进行优化升级,推进"看病少排队""检查少跑腿"等十项改革措施,组织督导检查,定期排名通报,促使医院提供高质、高效服务,提高群众就医获得感。大力推进信息化建设,以信息整合和服务整合为纽带,推进整体化、连续性健康服务。

4.提升县级水平,补齐基层医疗卫生服务短板

一是持续推进"双下沉、两提升"工程。发挥省市大医院技术支撑作用,做大、做强县级医院,建立县级胸痛、危重孕产妇救治、卒中、创伤、中医等专病中心,全面加强学科建设,推广新技术,减少县域病人外转。

二是在资源配置和公共服务上优先保障基层。乡镇卫生院要加强在儿科、全科、急救、中医药和康复等方面提供服务,支持增加住院服务和适宜手术,推动乡镇卫生院达到二级以上医院医疗服务能力。长兴县通过医共体内资源纵向流动帮扶,15家乡镇卫生院均已完成等级卫生院创建,其中8家获评"全国满意乡镇卫生院",1家获评"全国百佳乡镇卫生院"。

三是打通资源供给服务"链条"。制订疾病诊疗目录,完善转诊服务,上级医院号源优先开放给下级医院,衔接医保差别化的支付新政,构建连续、系统、闭合的分级诊疗服务系统。德清县医共体创新提供连续医疗服务,县域内统一设立住院床位池、专家号源池、设备预约检查池,省县乡三级医疗机构内专家联系、转诊、入院检查、床位分配、出院回访均可持续进行,引导患者首诊在基层。

四是县域内支持社会办医疗卫生机构积极参与医共体建设,协同发展、互利共赢,在人才培养、技术交流、资源共享、分级诊疗等领域开展协作。如湖州市德清县成立两大医共体,其中一家为社会办医院牵头。

5.聚焦医防融合,提升群众健康素养和健康水平

一是牢固树立大卫生、大健康理念,全面推进"健康浙江建设攻坚战"。2018年开始,省政府对各地党委政府开展"健康浙江"建设考核。

二是建立激励机制。如德清县实行集团医保总额预算下的门诊按人头付费,促使集团主动提供健康服务,加强健康管理,让群众"少得病、不得病"。

三是促进医防结合。推进疾控中心、妇幼保健院的专业医师下沉基层,加入家庭医生团队,提供服务与指导,做实基本公共卫生服务项目。

四是转换服务模式。推进家庭医生签约服务,以基本医疗为导向,融合公共卫生和健康管理,由专科医生、全科医生和乡村医生共同参与家庭医生签约服务。

二、浙江省"体医融合"主要成效

一是整合连续的分级诊疗格局基本形成。浙江省县级医院向下转诊人次同比增幅达到10%以上。县域医疗服务与信息化深度融合,全省建立检验、影像、心电和病理诊断共享中心的县(市、区)比例分别达90%、100%、99%和89%;"基层检查、上级诊断、结果互认"等"共享医疗"模式逐步形成,网上预约、在线支付、远程医疗、检查检验结果移动推送和药品网络配送得到普遍应用。医院看病、回家支付的信用支付方式正逐步推广。

二是基层诊疗水平显著提升。浙江省医共体建设地区通过与城市大医院开展医联体建设,加强县级医院专科建设,开展远程医疗等多种方式,显著提升了县域诊疗水平。2018年,医共体建设地区县级医院三、四类手术例数增长超过10%,县域内就诊率达到85%,增加4个百分点。在基层,医共体建设地区"县招乡用"的550名县医院人员轮岗到乡镇卫生院工作,卫技人才结构素质得到改善,超过1/3的乡镇卫生院开展一、二类手术,门诊、急诊和出院人次分别增长12%和22.3%,2018年上半年基层就诊率同比上涨6.1个百分点,较好实现了"强基层、提能力、惠群众"的改革核心要求。

三是医疗费用合理增长。药品耗材采购费用方面,浙江省医共体建设地区的平均降幅超过10%。通过推行临床路径管理和医保支付方式改革,门诊、出院均次费用方面,县级医院和乡镇卫生院增长均低于5%,基本实

现了"医疗机构良性运行、医保基金可持续、患者总体负担不增加"的目标。

四是患者就医更加便捷。借助"最多跑一次"改革的信息化应用,全省医院服务意识和能力得到提升,有效缓解了群众"看病难、看病烦",增进了医患关系。在医共体建设地区,第三方评估显示,群众满意度达到 97.8%,医务人员满意度达到 94.8%,政府部门的绩效考核中,卫生健康系统有显著提升。2018 年 6 月初,全省医院早高峰排队平均时间是 8.21 分钟,已经降到 4.21 分钟。

五是医务人员收入稳步增长。全省医共体建设地区开始改革人事薪酬制度,增强了医务人员工作的积极性。2018 年,湖州市级医院核定绩效工资人均数 14.75 万元,同比增长 9.9%;德清县基层医务人员的平均工资同比增长 1.3 万元,增幅达 11%。医共体组建后,医务工作者的归属感更强,工作前景更加光明,有更广阔的发展平台。

第二节 推进"体医融合"发展的建议

一、建立明确而完善的政策法规体系

俗话说"没有规矩,不成方圆",政策法规的建立必须明确,不能造成模棱两可的错觉,必须完善,涉及方方面面,争取做到具有针对性,之后再针对出现的问题进行补充。"体医融合"涉及体育和医疗不同的方面,深化"体医融合"发展,不能阻碍其本身进步,要使两者共同成长,形成共生关系,就必须建立明确且完善的政策法规,规范和指导其良好发展。

目前,我国"体医融合"方面的政策规定尚不健全,可以学习借鉴日本在这方面的经验。在日本,作为"体医融合"的表现形式,医院附属健身俱乐部的存在已有数十年,且长盛不衰。该类机构面向老年人和病患,以保健和运动指导为核心,开展运动指导和健康诊断,根据实际情况制作健康记录卡,并存档。日本的《医疗法》针对该类机构中有氧运动设施规定:其经营方法、职员及设备要符合厚生劳动省的有关政策,包括职员的专业资格认证,设施是否包括力量、有氧、急救、恢复等方面。日本有较完善的法制体系,通过法律规定,明确该模式,从法律角度保障"体医融合"推进。我国目前尚未制定该方面的详细方案,立法和政策出台尚需论证,日本的做法值得我们学习。

今后一段时间,建立健全"体医融合"的政策体系过程中,要优先考虑相关实施细则的出台,将"健康中国"建设中有关"体医融合"的政策落到实处。要加强政策的衔接融合,做好"体医融合"优惠扶持政策与发展健康服务业、健身休闲运动等相关政策的衔接融合,形成政策合力,加大扶持力度。

二、加强体育和卫生健康(医疗)部门的合作

体育部门和卫生健康(医疗)部门是实现"健康中国"的两股重要力量,在健康促进、慢性病预防和康复等领域,需要两个部门消除壁垒,凝心聚力,创建健康服务与疾病管理模式,实现"1+1>2",共同推进"体医融合"。体育部门与医疗部门要一同合作,破除行业壁垒,建立统一的运动医疗机构准入标准,现有居民医疗保障系统允许运动康复和运动医务监督准入,为推动科学健身奠定基础。国家卫生部门成立科学健身指导部门,联合体育与医学,增强国民体育运动(陈亚欢,2019)。

体育部门和卫生健康(医疗)部门要建立联席会议制度,经常对"体医融合"及其他涉及全民健康的事务进行会商。在此基础上,由具体的业务部门对接,建立常态化的联合调研机制、督查评估机制、激励机制等。两个部门要心往一处想,劲往一处使,以全面提升中华民族健康体质,提升广大人民群众健康幸福指数,全面推进"健康中国"建设的高度责任心,齐心协力,齐抓共管,做好"体医融合"各项工作的落实。"体医融合"涉及两个部门领域,在合作过程中必定会存在各种各样的问题。两个部门应摒弃部门保护思想,消解"分段治理"与"协调困境"等问题。两个部门要统一思想,全面贯彻落实《纲要》,认清我国现阶段的医疗卫生系统覆盖不到的盲区,切实加强体育与卫生健康(医疗)部门的合作,消除部门之间的壁垒,共同促进各项工作的顺利进行。

在具体合作中,当前阶段,建议两个部门要脚踏实地,扎实做到"四个共同"以推动"体医融合"的持续发展。①要共同通过教学改革、教材的重新编写、实践课程的转变,培养一批可以开具运动处方的医生。②要共同培养拥有一定医学知识储备的社区体育指导员、能开具运动处方的社区医生,通过定期培训、联合实践指导,以社区医生、体育指导员等为辅导对象,帮助他们掌握知识和技能。③要共同实施国民体质监测,在较短时间内最大程度完成全民覆盖,建立全民体质数据库,为"体医融合"发展提供数据上的支持。

④要共同发展健身、康复产业,拉动经济增长的同时,更好地促进群众的健康。同时,应不断加强两者内部的沟通。加强两者的正式沟通,可采用横向沟通和斜向沟通两种方式。横向沟通,是组织中同级或同层次成员之间的信息交流。在当今多变的社会环境中,为节省时间和促进协调,组织之间常需要进行横向沟通,体育、卫生健康(医疗)部门之间应加强沟通与交流,不要故步自封,面对问题要及时沟通,避免因部门间固有职责而对问题置之不理。斜向沟通,是指发生在组织中不同部门和跨组织层次的人员之间的信息交流。"体医融合"面临的问题很多,有的体育工作者在实际工作中可能遇到难以解决的医学类的问题,这时就可以通过斜向沟通,求教医学部门的工作者,联合解决问题。

三、建立合理的人才培养模式

21世纪,全球已然步入了知识经济时代。区别于过去的自然经济和工业经济,知识经济时代所凸显的主要特征是以知识为生产要素,建立在知识和信息的生产、分配和使用的基础上。知识经济中最为主要的载体即是优秀人才,人才的培养和发展是知识经济发展的不竭动力与源泉,是驱动整个社会正常运转的必要的基础条件。没有人才,就好似机器没有操作者,好似躯体没有灵魂,漫无目地四处碰壁。同样映射到"体医融合"发展障碍问题上,首当其冲的就是其可持续发展的过程中被"人才痛点"扼住喉咙,难以壮大和成长。针对"体医融合"发展过程中出现的"人才痛点"问题,应追本溯源,从源头解决人才的产出也就是其培养模式,同时我们也要倡导教育的终身性,不仅仅是在校培养学生,同时针对社会在职人员也应进行专业的培养和定期的学习。

四、建立体育院校和医学院校"体医融合"的培养机制

体育院校和医学院校"体医融合"专业交流与联合培养机制的建立应从教师和学生两个层面展开。

其一,教师层面,应建立交流进修机制,将交流情况列为相关专业教师职业发展与考核的核心指标之一。体育院校相关专业的教师,应到医学院校进行系统的医学进修训练,提升从整合医学角度认识生命周期、疾病发展规律的能力,提升其医学素养;而医学院校相关专业的教师也应到体育院校

进行较为深入的体育知识与技能等相关训练,通过训练建立起体育运动对身体影响的直观和理性认知,尤其是运动对疾病预防、治疗、康复作用的认知。在交流的过程中,双方取长补短,进修融通,逐步打造一支具有体医复合教学能力的教师队伍。由于社会体育指导员培训机构主要设置在相关高等院校中,因此,也可以通过专业教育的交流机制,选派社会体育指导员培训机构的讲师到医学院校进行医学知识的学习,提升他们运动处方教学的能力(谢山,2019)。

其二,学生层面,在体育院校及医学院校间建立联合培养的教学机制。采取互认学分的方式,体育院校组织学生到医学院校,医学院校组织学生到体育院校,各进行为期不少于一年的交换学习。推动两类院校之间资源(主要是教学资源和实习实践资源)的共建交流共享。通过交换学习和资源共享,各补短板,各取所长,致力于两类院校学生体育科学与医学的融会贯通,提升学生学习的质量和实践能力。

五、共建共享服务于"体医融合"人才培养的资源库

统筹各方,共建共享针对不同人群、不同身体状况、不同环境的运动处方数据平台,以政府购买的形式,建设运动处方库资源电子化产品和网络共享平台。在"体医融合"相关专业学生培养过程中,以及在社会体育指导员培训过程中,对运动处方库的使用和掌握情况将作为学业或培训效果评定的主要指标。"体医融合"相关专业所在部门,应助力开展全民体质测评,健全体质健康监测系统,致力于国民体质健康监测数据库建设,为学生学习累积巨量的"大数据",以利于开展有针对性的案例教学。

六、多方统筹解决"体医融合"人才培养就业的结构性矛盾

要解决"体医融合"人才培养不足与浪费共存的结构性矛盾,需要从去除行业间的壁垒、实际调整社区就业岗位的数量、加快相关平台建设等方面入手。

其一,去除行业壁垒。医疗卫生领域对体育院校学生报考资格证书设置很多限制,专业学生需要更多的发展机会和更加公平的竞争环境,拓宽其职业选择和上升的通道。当然,体育院校也要优化其课程设置,使其更契合"体医融合"的疾病管理与健康、健身服务模式的需要。

其二,社区岗位设置需要加强。在我国政府大力推进全民科学健身的大背景下,"体医融合"的专业人才将在社区大展拳脚。应统筹相关部门,加强社区岗位科学、合理设置,细化工资待遇,并建设适宜的服务环境,以吸纳相关人才到最基层去服务全民健康。

其三,建立健全科学健身指导服务站点和全民健身科技创新平台。该类平台建设中,要注重技术含量和规范、前瞻性,服务全民健康,服务全民健身;同时,期冀为"体医融合"相关专业人才提供更多施展才华的平台,为人才的纵深积累和拔尖人才培养提供机会(吴建军等,2019)。

七、推进"体医融合"专业教育的课程体系和教材建设

在课程体系建设方面,要依据学习者的需要、体育课程的特性、医学培养的目标、社会发展的需要,凸显"技能"目标。以医学知识、运动处方、运动保健、运动康复为"体医融合"的切入点,拓展和完善学生的知识结构,培养开具运动处方的专业能力,增强非医疗手段的健康干预技能,如体育运动。重视基础理论的同时,基于培养的专业性质,应加强实践教学的比重。在常规教学中,应融入实践活动,强调理论和实践相结合,更要加大实习保障条件的建设力度,设置一个较长的专门时间段,组织学生进行系统性的专业实习(张艳,2019)。

为了确保"体医融合"类专业学生的实践能力,建议其系统实习时间不低于一年。进一步而言,基于保证培养质量考量,此类专业的本科教育,无论是授予医学学位,还是授予理学、教育学学位,都应统一为学制不低于五年,在此基础上,精选教学内容,加强教材建设。教材建设要跨越学科之间的鸿沟,由医学院校和体育院校联合编制,真正体现"体医融合"的新思想和新理论。在教材体系建构上,要注重知识体系的完整,强调理论与实践相结合的教学需要,这有利于学生的知识结构由交叉到专业、由专业到复合。各培养单位可根据本单位的特长、研究前沿和实践基础,编写具有鲜明特色的校本教材(谢山,2019)。

八、推动社会力量参与"体医融合"人才的培养

学校专业教育虽然系统化,但毕竟培养数量有限,应推动社会力量的参与,以多元化的渠道培养"体医融合"人才。未来,社会体育指导员和能够开

具运动处方的医生,应以行业协会培训、审核的方式获得从业资格为主。在培训体系中,高校专业教育应扮演师资供应者的角色。有相关领域工作意向的高校学生和体育、医疗从业者都可以通过继续教育的方式加入"体医融合"的人才队伍。要推动学校和社会力量,以家庭医生、社会体育指导员、全科医生为目标,通过联合编写教材、以点带面进行培训(宋福杰,2019)。着力以社区医生为目标,发展全民健身志愿者和社会体育指导员,使他们成为传授科学健身知识,推动群众积极、健康生活的中坚力量。推动"体医融合"产业开发环境的优化,社会各界虽然大多认可"体医融合"的产业开发前景广阔,但多停留在论证和观望阶段,"体医融合"市场开发略显迟滞。加快"体医融合"产业开发,要从优化政策环境入手,鼓励业态创新,不断提升产业发展水平。

社会上对介入"体医融合"市场开发之所以观望气氛浓厚,一个重要原因是政策不明晰。因此,要不断健全相关的政策、法规,为产业发展保驾护航。要优先支持社会力量举办非营利性的"体医融合"健康促进和非医疗健康干预机构,使其享受与公立机构相同的待遇。要支持体育健身俱乐部介入"体医融合",初期阶段,为了解决其人才短缺的困境,政府可以出台措施,对其教练员队伍进行医学和运动处方能力的培训;鼓励俱乐部优化岗位设置,安置"体医融合"类高校毕业生就业。通过税收等优惠政策,鼓励健身俱乐部改善其装备水平和技术水平。同时,也要强化对体育健身市场的监管,引导体育健身企业完善其资质,提升其为全民科学健身服务的能力。要制定专门的实施办法,鼓励公立体育医院(运动康复机构)实现转型,从为竞技体育服务为主,转向兼顾竞技体育和全民健身,以充分发挥该类机构的技术优势。实施办法应明确该类机构可以进行市场改革试点的领域,明确从业人员的资质,明确相关的费用补偿机制,明确其利益分享机制,以增加该类机构转型的动力。通过政策引导,参与举办"体医融合"机构,为市场开发凝聚各方力量。

2004年,该学科正式成立。其后发展的十年间,国内多地高校已经设立"运动康复与健康"专业。体育院校和多数综合师范院校的体育学院,均已开设"运动人体科学",培养从事运动损伤治疗和防护、科学健身指导的本科生、硕博研究生。受限于就业理念和传统思想,体育院校早期的运动康复专业毕业生和医学院校毕业生多在医院从事临床工作,导致逐渐遗忘运动康复专业理论。其他体育院校的毕业生多为体育科研人员或体育教师,受限于本职工作,难以满足群众健身需求,只能在业余时间在社区进行健身指导。仅剩健身俱乐部里的健身教练在体育一线工作,然而健身俱乐部要求盈利,导致健身教练必须要关注销售课时。健身教练多来自体育院校,学习"运动训练"等专业,虽具备基础的体育理论与实践能力,但缺少医学理论,难以为非健康人群提供科学的健身指导。事实上,多数健身教练根本没有体育或医学理论知识。在国外,本科教育阶段,运动与医学边缘学科的教育体系强调临床实践,设置课程超过 7 门。博士教育阶段则细化分为运动科学、物理治疗基础理论、临床实习、临床诊断和临床病理与管理等内容,毕业后想要从事运动医疗工作还要通过执业资格考试。而国内,由于师资问题,医学院校与体育院校"运动康复与健康""运动人体科学"专业尚未实现体育与医疗有机融合。现在,高校开始细化"体医融合"的专业类别,优化课程设置,积极推进全民科学健身指导人才的全方位培养。政府运用行政手段整合资源,在运动康复中心、运动医学诊所加大财政支持,能够吸引相关人才,拓宽毕业生就业选择面。要鼓励事业单位如高校、医院等开展合作项目,或鼓励专业技术人员在民办医疗机构挂职,实现人才高效利用。

九、构建城市社区"体医融合"公共健康服务模式

1. 宣传大健康观念,提高居民健康促进意识

政府要改变管理格局,突破各自为政、条块分隔的现状,鼓励、支持体育和卫生部门开展协作,设立社区公共健康服务站;创造积极的社会氛围,宣传多维健康理念,各层面合作参与宣传行动,创造社区体医融合的舆论环境。

2. 开发社区居民的自主能动性,充分发掘社区资源

构建社区居民健康屏障,社区卫生服务与社区体育健身服务结合是关键。设置不同功能的服务组织,如社区体育运动处方制定中心、社区健康评价和管理中心、社区卫生服务中心等;构建社区居民体质健康调查、评估体系,开展运动健身指导服务;整合社区资源,提高参与积极性。

3. 注重人才培养与引进,提高社区公共健康服务水平

通过政策支持,加强衔接高校与社区"体医"服务的人才供给,给予社区

健康服务政策与资金支持。高校健全"体医融合"人才培养模式,加强专业设置,重视人才储备。

4.构建体医结合健康服务平台

目前,"体医结合"健康服务模式的构建,在合法性、专业性、资金方面、结构方面、过程方面均存在问题。制定运动指导指南或指导手册成为当前工作的重中之重。其内容包括对运动专家的规定、给医卫工作者的信件、运动人才与医卫工作者的合作、知情同意书、健康和医疗问卷调查、健康体质评估、运动计划、健康运动处方等。建立"互联网+"、数据库、云平台等新模式,建立、分析、管理、共享居民健康档案,包括血压、心率、体温、血糖、血脂、血氧饱和度、体重、运动量等健康指标,基于数据开具运动处方并实时调整。

十、促进业态的融合与创新

鼓励全民健身科技创新平台的发展,鼓励科技公司介入"体医融合"领域进行探索。鼓励全民健身科技创新平台在下列有广阔市场前景的领域展开科技创新与攻关:一是通过运动切入健康管理和康复的科技创新;二是主打运动康复平台的科技创新;三是专注于慢病运动方案生成的科技创新;四是通过有氧能力检测切入运动指导和慢病管理的科技创新,从而完善"体医融合"科技中介体系,使其转化成市场化、专业化的"体医融合"科技服务。通过科技创新带动,形成品牌效应和良性循环的"体医融合"、健康促进和非医疗健康干预类服务产业集群。通过科技注入,鼓励、支持中小微企业顺应需求共同发展。可充分利用"互联网+"时代的红利,发展基于互联网的"体医融合"服务,促进"体医融合"+"互联网线上线下结合"模式的建立,促进业态融合。线上主要是采用专用 App、企业网站,以及微信推送的形式,对百姓提出的问题进行免费或是有偿回答。大众可通过 App 的下载,上传自己的健康情况,便可以得到细致的健身指导,也可通过网上预约形式进行诊断。在运动健康研究方面,应当集合骨科主任医师、康复医学专家、体育运动专家、营养师、物理治疗师等,为企业的深层领域的发展出谋划策,同时也要鼓励运动康复和文化旅游产业的结合,规范运动康复旅游行业的标准,打造一批在国内具有广泛影响力、在国际上有一定竞争力的运动康复旅游目的地。

十一、完善"体医融合"国民体质监测体系

"体医融合"是推动健康革命的迫切需要,是回应群众关切的迫切需要。体育部门和卫生部门应协同合作,监测国民体质,争取覆盖全国,了解体质情况,成立数据平台(黄新金,2019)。

目前国民体质监测中心主要分为四级:国家、省、市和县。有些经济发展较好的地方在社区、乡村设有固定体质监测站点或者是流动监测站点,然而绝大多数社区或乡村没有这个条件。目前的四级监测中心、站点的覆盖率远远不能涵盖所有百姓。因此要设立以社区、乡村为节点的监测站点,辐射周边百姓,让百姓在家门口就能进行体质监测,不用再拥挤排队,不用再奔波到省、市、县的监测站点进行检测,既方便又节省时间。同时,"体医融合"运用运动干预,控制、预防慢性疾病。运动干预是一个长久的过程,不能一蹴而就,故而,应及时跟进疾病干预进程。国家、省、市、县的体质监测中心无法进行常态化监测,这样人力、物力耗费大,且吃力不讨好,但是社区、乡村的监测站点可以实现这个便捷,可实时显示医生和健康管理人员开具的运动处方,记录体检对象在运动干预后,心理和身体的变化趋势以及体检人员自身的反馈。这些信息的记录有利于医生等人及时调整病人的运动负荷、频率等,或者是更换运动方式。

通过创新驱动前进,健全国民体质监测的服务体系。伴随着经济发展和社会变迁,原本的国民体质监测体系难以匹配现实需求,故而,健全监测项目成为必然之势,比如增加对慢性病的筛查和监测。增加血糖检测,以判断测试者是否患有糖尿病,提前做好预防工作,减少患病人数。同时要增加政府的投资,吸纳社会的资金,更新监测设施和系统,运用新的科学技术手段增强科学性,比如血管测试仪、心脏测试仪等。不断完善和改进数据处理方式,为大众提供更加个性化的服务,给国民建立一份个性化的"体医融合"电子档案,使医生或者健身指导员能够在第一时间更加准确掌握居民的身体状况,为下一步的治疗做好充足的准备。同时要将"体医融合"电子档案分类管理,按照健康、患病和高危三种人群进行档案管理,便于个人或医务人员及时查阅或做出初步结论和建议。在"体医融合"国民体质监测过程中要发挥体育与医疗的诊断作用,在场医生和健康指导者要运用监测数据为百姓提供更加优质的、贴合百姓实际的服务。

　　健全国民体质健康监测数据的应用体系,以区域人口体质的健康信息平台为基础,健全数据共享与应用模式,推进大数据在体育部门、教育部门和卫生健康部门之间的共享共建。加强国民体质健康数据在政府决策、临床与科研、全民健身等方面的运用,创造国民体质健康数据应用的新局面。体质监测数据造假已经严重影响到国民体质监测大数据的构建,严重影响到政府决策的科学性和运动处方的精准性。要采取切实可行的措施,确保采集数据的真实度。要加强对开展或实施体质监测的管理部门和工作人员思想上的教育,提高其对国民体质监测重要性的认识。要通过第三方抽查,对各地反馈的体质监测数据进行复核,以最大限度地保障体质监测数据的真实性。

　　教师和学生在体育教学中,也缺乏科学的知识指导。教师方面,一是认为体育教学只是技能学习与增进健康,往往忽视了学生体育的教育性以及相关的理论知识学习,很少将育人的理念深入体育教学的过程当中;二是创新意识不足,教学方法的运用因循守旧,教学评价的方法单一。学生方面,一是对体育课的认识不足,认为只是蹦蹦跳跳地锻炼身体,忽视了它育人的内涵与价值;二是对终身体育的了解不深入,不重视体育学习的持续发展与兴趣爱好的养成。

　　1.教学组织缺乏多样性,教师业务水平参差不齐

　　湖南省医学类院校体育教学组织形式主要以选项班教学为主,也还存在行政班教学的现象。行政班教学不利于学生个性发展与学生兴趣爱好的需要。同时,湖南省医学类院校体育课程的选项教学在内容、教师、时间的选择方面均是有限制的,难以满足每个学生的需要。湖南省医学类院校体育教师教学方法的使用主要以传统教学方法为主,包括诸如讲解法、示范法、分解法和完整法等,这些方法都是经过多年实践得出的良好有效的教学方法,但在教学内容越来越丰富,且教学手段日益多元化的今天,这些传统的体育教学方法显然不能很好地满足当前高校学生体育学习的要求,新时期需要有新的教学方法以适应教学内容的变化以及社会的发展。其原因主要为:一是教师数量缺乏,教师工作量大,周课时较多,而且能够承担体育课程项目教学的教师比较集中,主要在篮球、羽毛球、田径等项目;二是体育教师高层次人才的缺乏,其主要原因在于很多学校没有专业,学科建设较少,

公共体育课教学的组织与实施难以吸引到高层次人才;三是体育教师业务水平有待提高,尤其是理论知识水平,部分体育教师对理论学习的认知不够,很多老师除了讲述本项目的理论知识外,对于体育的基础理论知识的掌握缺乏,难以上好体育理论课。

2. 教学内容针对性不强,教学评价主体较为单一

体育教学内容包括理论教学内容与实践教学内容。湖南省医学类院校体育课程理论教学内容主要包括体育保健知识、运动技术及原理、体育文化、运动医学常识、裁判法等。但是医学类院校体育课教学中很少有纯粹的理论课,理论知识的教学主要贯穿在实践课教学中。实践教学内容主要以传统体育运动项目为主,很少有针对医学专业特点设置相应的教学项目,教学内容的职业针对性不强。湖南省医学类院校体育教学评价主要是由体育教师掌控,在学生学习评价的整个过程中,学生基本上是没有参与其中,甚至连参与的机会都没有,这一机制更多地抑制了学生的积极性、主动性,也很难发挥学生在评价中的重要作用。其原因主要为:湖南省医学类院校公共体育课教学没有得到很好的重视,在师生认识中都存在一定的偏差与误区。虽然有不少的学生懂得体育教学活动的重要性,但基本上都是行动的矮子,体育课的开授仅当作一种教学任务完成而已,忽视了学生成长发展之所需、医学人才培养之所需,使得一些学生在课堂上自我约束不强,甚至作风、纪律涣散,持一种无所谓的局外人的态度,使体育课逐步趋向形式化,可有可无的困境,课堂上体育教师不做约束及相关要求,学生更是不认真对待,这就导致了一种恶性循环。

3. 场馆器材设施不齐全,整体投入力度还需加大

湖南省医学类院校的体育运动场馆设施建设方面还存在很大的完善空间,整体而言在场馆设施配置上都是欠齐全,尤其在综合性体育运动场馆、风雨操场等大型的体育运动设施建设上力度不够,数量较少。在常见的竞技性强的运动项目三大球类能保证体育教学场地,但在大学生喜爱的一些融健身、运动、娱乐等于一体的体育运动项目设施上面不能满足需求,如游泳、野外生存等项目场馆设施。学校体育场馆的建设与维修呈现滞后现象,其原因主要是:一是部分学校对体育场馆建设的投入力度不足,很多湖南省医学类院校不支持学校体育场馆的建设;二是体育场馆的

维修不及时,很多旧的场馆与设备难以及时更新,影响学生参与体育活动与教学活动;三是随着高校招生规模连续扩大,医学类院校学生也是急剧增加,然而学校自身的硬件建设不能及时跟进,尤其在体育运动场馆、器材设施配置等方面严重滞后,甚至出现严重短缺的现象,以至于不能满足学校自身体育教学及课外体育活动之需。由于受学校体育场地的影响,部分学校进行正常的体育课教学场地都不能满足,理论课需要的多媒体设备也往往被忽视。

4. 推进湖南省医学类院校公共体育课教学改革的思考

随着社会的快速发展,国家对医学教育这一精英教育领域提出了更高的要求,湖南省医学类院校体育教学的重要性在医学人才培养中也凸现出来,改革加速势在必行。一是内在方面。主要是要通过学校自身、体育教师自身等多方面的内部努力因素,加大改革力度,提升教学的针对性和实效性,扩大体育教学影响,提升其地位。二是外在方面。要全力争取上面的有关政策支持,拓宽资源,整合力量,加速改革医学类院校公共体育课教学的生存及发展环境,真正地实现内外统一,形成既有内部不懈的努力、又有外部永恒的动力的良性循环。

十二、遵循公共体育课教学改革的基本原则

1. 学生主体原则

体育课程要传授运动理论、运动技能,增强学生身体素质、促进健康。教师作为传授知识的主体,要因材施教,优化课程内容、改革教学方式,提升学生运动的主动性、积极性,切身体会体育的活力与作用。

2. "健康第一"的原则

医疗卫生的终极目标就是国民健康,"健康第一"是国家发展的最重要内涵。医学教育为国家健康事业输送人才,培养优秀医生一个最重要的途径就是加强体育教学,实行生理—心理—社会模式,协调社会、生理、心理三个角度健康发展,以匹配当前国家发展需求。

3. "体医融合"原则

体育与医学关系密切,体育是医学实施的具体手段,医学是体育运动的

理论基础。医生的健康水平和体质受体育学科的影响,也间接影响国家医疗卫生整体水平。

十三、转变体育教学理念,形成"体医融合"思想

1.更新体育教学理念,树立"体医融合"教学观

改革医学院校体育教学,要坚持"体医融合"理念,切实转变教学思想,树立现代教学观。结合医学特性,科学、高效地教学,提升学生体育运动的积极性,增强医学生"健康第一""终身体育"的理念,充分利用体育的促进作用,积极培养医学人才,形成一种扩散化的效应。

2.改变传统的师生观,树立医学类专业学生观

树立"主体性"和"差异性"的医学学生观。学生作为教学的主体之一,是不可替代的。根据学生的接受能力、身体素质、思想与兴趣、职业需求,充分尊重个体差异性,适应执业发展需求,有效结合教师的主导地位与学生的主体地位。

3.丰富体育教学内容,创新体育教学形式

(1)丰富体育教学内容,促进"体医融合"

医学院校的体育课程改革的核心是更新教学内容。要以《纲要》为基准,符合《学生体质健康标准(试行方案)》,参考医学教学特性与实际发展需求,在课程内容方面做到四个结合:接受性与科学性的结合、健身性与文化性的结合、民族性与世界性的结合及选择性与实效性的结合。重视理论教学,增加实践课程,开发医学类课程,设置结合类体育课程。理论课程涵盖体育保健养生、体育运动处方、体育康复等内容,实践课程涵盖综合素质训练(灵敏素质、力量、耐力等)、大学生体质测试(女子 800m、男子 1000m 等)、健美操、武术、球类、排舞、形体、八段锦、健身气功、康复运动等。积极推广"体医融合"的课程理念,以医学专业职业发展为基础,有针对性地提升公共体育课效率,重视医学院校的体育教学。

(2)创新教学组织形式,满足医学学生需求

教学组织形式是指依据特定的教学思想、教学目的、教学主客观条件及教学内容来设置教学活动,根据社会发展和人才培养需求而变化。《纲要》规定高校体育课程根据实际情况,如年龄结构、身体素质、兴趣爱好等,不再

要求统一开班教学,允许跨院系、跨年级灵活授课。以学生为主,体育教师主导实行探究式、开放式授课。同时,优化教学组织形式,丰富教学形式,实行俱乐部教学、选项教学等,以适应学生多样化的个性特点与发展需求。以医学专业的实际教学需求为根基,融合体育与医学专业教学,相互渗透,相辅相成。

4.应用现代教学手段,改进体育教学方法

随着科技更新,教学方式也要不断升级,运用现代科技教学。多媒体教学在体育教学中应用较少。体育教师应加强现代技术、设备的运用,如新媒体等,制作教学视频、理论教程上传在学校的网站,可以更直观教授体育运动技术方法和动作要领,增强学生学习积极性。心理学、教育学的研究成果推动体育教学方法个性化、现代化发展。运用优秀的传统教学方法,改革其中不符合时代要求的内容,创新教学理念,以提升医学院校体育教学整体效果及教学质量。加强师生平等交流、互帮互助,发挥学生参与的主动性与积极性,提升自学能力,激发学生的创造性。

5.改革教学评价体系,使体育教学合理化

考核与评价机制是教学改革的关键,反映着体育教学活动的效果。《纲要》明确:学习评价对学生学习效果和过程进行整体、全面的评价,包括学习态度与行为、交往与合作精神、学习认知、体能与运动技能等,开展学生自评、互评和教师评定。对于医学院校来说,其体育教学考核与评价应采取定性评价与定量评价相结合、绝对性评价与相对性评价相结合、终结性评价与过程性评价相结合的方式,并开展学生自评、互评和教师评价。评价范围包括:学习态度、体育与医学理论、运动技能、体质健康等方面。科学设置分数比例,促进学生身心健康、全面发展。

6.重视体育教师成长,提高师资整体水平

提高体育教学质量,体育教师是关键。提升教师专业素养,培养具备体育与医学理论的高素质教师,一是增强理论培训,全面提升教师的理论储备。鼓励、支持体育教师参与专业培训、外出考察学习。二是增强教学技能与教学手段。开展教学比武、示范教学、学术交流、专家讲座等活动,多途径提高教学技能与教学手段;鼓励、支持体育与医学专业教师交流与合作,推动学科理论融合、渗透。三是强调师风师德。教师教书育人,一定要具备良好的道德品质,身体力行,传承良好品质。四是提升工作待遇。学校应改善体育教学环境,为一线教学创造积极条件,关注教师身心状态,提高薪酬待遇。

7. 完善场馆设施建设,满足体育教学需求

高校体育课程常在室内、室外体育运动场馆进行。体育教学地位较低、资金支持不够导致场馆设施建设举步维艰。目前医学院校在设施建设方面有所进步,但医学设备与体育资源共享情况仍不理想。室外运动场馆受限于天气因素,难以保证室外课程顺利完成;室内场馆难以满足实际需求,需求较大的网球、形体训练、瑜伽、健美操、羽毛球、游泳等项目不能全面开课。学校应根据政策规定,加大体育经费支持,整合资源,开展交流与协作,开展特色活动以获得政策帮扶、吸引投资建设体育场馆。投入体育康复室、体育保健室建设,共享医学实验室,促进医学设备与场馆资源利用。

十四、了解消费者需求,加强健康服务供给

通过对俱乐部管理者访谈得知,很多管理者认为消费者更多关注的是身体形态的变化,而对身体健康的需求比较少。但通过调查可以发现,消费者对运动医学健康服务需求比较高,他们实际得到的健康指导并不能满足期望,而且还有不小的差距。消费者在期望与现实的巨大落差下,通常会对健身俱乐部服务感到失望,服务得不到满足是消费者流失的重要原因。因此,健身俱乐部的经营管理应从市场调查做起,深度关注消费者的本质需求,抛弃原先的基础性调研,如喜欢的运动项目或教练等。

目前,管理者、教练和消费者三大主体对俱乐部内运动医学服务器械的看法是不统一的。管理者对器械的看法相对于教练和消费者来说非常乐观,可以说管理者对教练和消费者的使用需求和体验效果并不了解,这是管理者在经营管理上的重大失误。教练是运动医学服务器械的直接使用者,在大量重复的操作下对相关器械有比较清楚的认识,可以说教练对器械的认识是比较客观的,管理者应在器械设置上经常与教练沟通。另外,消费者对器械的认可度要低于教练,主要原因在于消费者对相关器械过于陌生,对器械检测结果的真实性存在怀疑的态度,所以教练在对消费者进行相关检测时不仅需要准确地解释检测数据,还需要向消费者解释相关检测原理和

器械原理,使消费者正确认识运动医学服务器械,提升消费者对器械的认可。

以健康为导向,制订符合不同特征教练的培养计划。教练在提供运动医学健康服务的过程中存在意识与行为不统一的情况。通过调查发现,教练的实际服务行为低于期望行为,主要原因在于教练对相关健康知识欠缺,在实际行动中不能将运动医学服务完整表达。健身俱乐部管理者应树立"知己知彼,百战不殆"的观念,准确把握不同特征教练的能力特点,制订符合不同特征教练的培养计划,如针对医学知识不足的教练应加强医学知识讲座,加强教练健康行为的管理,保证教练的健康服务质量。现阶段,教练与消费者比例结构失衡,通常教练需要和更多的消费者进行互动与服务以达到业绩或获得更多的经济收入,这样无形间会降低服务质量,减少相关服务的供给。俱乐部应根据教练与消费者结构比适当引进人才,以更好地保证教练的服务质量,增加俱乐部的品牌竞争力,加强与消费者沟通,培养健康共同体意识。在教练的服务供给和消费者的服务获得方面,应形成共同体意识。教练在服务过程中应时刻与消费者进行沟通,强调自身的服务理念、服务形式,让消费者充分理解。这样有三方面作用:一是增加供给与获得的有效转化率,如果教练传授的信息能让消费者全部理解,不仅效率会得到提升,而且消费者的满意度也会提升。二是避免供给溢出,教练与消费者的深度沟通可以让教练知道消费者的接受能力,避免教练在消费者满负荷状态下造成持续的供给浪费,这样对教练和消费者都不好。三是产生共同目标,深入地沟通帮助双方建立共同的目标,这样可以使教练与消费者的期望值和实际值达到有效统一,不仅满足消费者需求,同时提升消费者满意度。俱乐部应以"消费者体验"为核心,准确把握不同特征消费者的需求特征,通过一系列的产品或服务的制定,满足不同消费者需求,提升消费者满意度。通过一系列营销手段,逐步将服务质量优势转化为市场优势,形成新的市场增长点。

在苏州、南京、常州,受访的健身房和居民均支持医疗保险账户支付健身服务的功能。当前,该模式在苏州已经非常成熟。2005年,苏州开始实行"阳光健身卡",其经营体系、运行模式逐步成熟,健身试点也在不断增加,更多持卡人开始使用该功能。苏州"阳光健身卡"由第三方光大银行具体运营,同时,苏州的健身场馆试点较多、分布平均。当然,政府也大力支持,加强宣传,引导居民尝试、参与。

通过苏州"阳光健身卡"的发展,其他地区可以学习其成功经验:一是政府并不直接参与管理,而是购买体育公共服务,利用第三方平台运营。二是健身场馆试点的数量尤为重要。政府鼓励、支持健身场馆参与,增加试点数量,便民利好。三是加强政府宣传与支持,提升参与度与积极性。

十五、制定符合我国国情的医疗保险金与健身服务相结合的政策

医疗保险金象征着国家进步和社会发展。我国人口基数大,难以实行"全民医疗"。将医疗保险金与健身服务衔接不失为一个好的路径,但政策的制定与实施需要仔细考量,因为涉及医疗保险金的运行体系和国民的切身利益。政府应全面统筹、细化责任:第一,主管部门组织召开听证会,结合专家意见和民众看法,充分论证政策方案。第二,专职专责、分工明确,财政部门给予资金支持,设置公共体育专项资金;城市规划部门统筹体育场地设施建设,制定优惠政策,给予政策上的支持;物价部门健全价格补偿机制;人事、体育部门完善社区体育指导员服务制度,明确任职资格。第三,健全医疗保险金对健身体育服务的补偿政策,研究匹配的补偿手段,明确、细化政府购买体育公共服务政策。现阶段,部分现行政策稍显苛刻,科学、合理的消费制度可以提升参与度,推进卡内余额支付健身服务模式开展。

十六、实施策略与实施模式

1. 实施策略

第一,可以在经济发达、条件匹配的城市开展试点工作。医疗保险账户支付健身服务项目势头较好,需要健全的法规政策给予引导。我国人口基数大、幅员辽阔,选择医疗保险账户余额充足的经济发达地区作为试点,可以验证该模式的可行性。在江浙沪等沿海经济发达城市群开展医疗保险账户购买健身服务试点,原因有以下四点:第一,物质生活不断丰富,人们开始重视健身,健身需求不断增长,成为推动该模式发展的内部原因;第二,医疗保险水平较高,高效管理账户余额成为其外部原因;第三,思想开放水平较高,易于接受新兴事物;第四,在试点的发展过程中修

正、调整，引导全国范围内开展。更新医保卡定义和使用范围也成为亟待解决的问题。笔者通过调查，认为应参考"健康中国 2030"，扩大医保卡的使用范围，加入医保卡卡内余额支付健身消费的项目，明确最低支付余额，并保留基础余额。出台匹配的政策法规，为医保卡购买健身服务推广奠定基础。

第二，加强政府宣传。推行该项目的地方要加强宣传，提升居民积极性、参与度，降低医疗支出、促进全民健身，紧密结合医疗学与体育。同时，加强监管，健全监督机制，保证其顺利运行。由体育局、人社局成立联合机构负责监督、监管卡内余额与健身房刷卡运营，紧密融合体育与医疗。

第三，健身房也需要积极参与，全面发展该模式，吸引民众参与的积极性；扩大健身房知名度的同时，增加营业额，发展固定消费群体。

2. 实施模式

"健康中国 2030"的关键内涵是体育与医学结合。医疗保险账户则是体育与医学融合的连接点。当前，我国部分城市试行该政策，只有苏州的运行模式是相对成熟的。健全医疗保险账户支付健身服务政策，使其符合我国国情是立足之本。苏州市"阳光健身卡"并没有国家政策为依据，只是通过苏州市政府自行开展。但是，医疗保险账户支付健身服务需要以国家政策为根基，规范、引导该模式实施，修正、监督整个运行体系。

国家应建立健全法规政策以明确健身场馆服务水平、卫生环境的统一标准。当前，养生会馆、健身场所主要由中上收入的消费者构成，难以全覆盖。由于其私营特征，价格较高，且包含隐性消费。政府设置的公共健身器材，多为露天设备，不仅维护困难，而且使用上受天气影响较大。即便有利于居民运动，却无法与医疗保险账户结合。政府应加快健身场所多样化建设，如全公立、公办民助或全私人运营模式，推进医疗保险账户使用，保障高效利用医疗保险金。以公办民助模式开展时，要求私人健身会所环境符合国家标准、定价合理，保障其盈利的同时，按时发放医疗保险金，高效合作、互助互利。政府需要完善准入制度，明确健身场馆实施标准，控制消费趋向，避免行业垄断，均衡、和谐发展。

第三节 关于"体医融合"发展的展望

"体医融合"是"健康中国"战略实施的必然要求,是"体医结合"的升华,但尚未形成系统的、完善的融合模式,推广路径、实施手段规划尚不明确。笔者基于对"体医融合"的研究与调查,从"技术""资源""话语权"三个角度模拟构建"体医融合"的发展模式。"体医融合"的发展需要建立健全政策法规、改革管理体制、加大财政支持、转变思想,科学、有效地融合体育与医疗,为贯彻落实"健康中国"奠定基础。体医渗透,相互促进、补充的"体医融合"代表了现代体育与医学的发展现状。当前,发展中的"体医融合"需要全社会携手共进、重点关注,促进其高效、合理发展,才能发挥其最佳功效。

"体医融合"健康促进模式可以有效遏制现代文明病,促进人们积极、健康地生活,成为高效、科学的健康管理手段。国民越来越重视健康,"体医融合"将保障人们提高身体素质、提升生活品质,是我国推行"全民健身计划"的关键途径。目前在我国,大众体育健身的推广与实施尚不成熟。建立健全法规政策的同时,要切实落实制度规定。听取"体医融合"参与者的意见,解决实际问题,积累经验,切实推动"体医融合"平稳发展。

通过调查,高校的体育课程总体时间、开设年限基本符合国家标准,但教学目标设置存在差异,多数体育教师能够落实体育教学目标、执行教学大纲。实践课程虽然内容丰富,教学内容与医学专业能较好地相结合,但仍缺乏重视,使用的教材各不相同;体育教学组织形式与方法不断优化升级,实施行政班教学、选项班教学等形式;教学方法与手段越来越丰富。学生参与体育课程的积极性、参与度大幅提升,参与意识不断加强,虽然少数学生单纯为获取学分参加体育课,然而更多是为了强身健体、增强体魄。高学历、高职称人才加入院校体育教师队伍,年龄结构不断优化。从职称级别角度来看,中级职称与副高职称为主,高级职称的教师相对较少;从学历结构角度来看,本科、硕士生为主,有博士学位的人极少;从年龄层次角度来看,以26～45岁的中青年教师为主。

这些院校加大体育场馆设施建设的资金投入,虽然数量上有了一定突破,但尚未达到国家标准。体育教学改革过程中,还存在创新意识尚缺,教学理念缺乏前瞻性;教学组织单一,教学内容缺乏针对性;教师专业能力亟待提高,教学评价主体不够多元;场馆器材设施不完备,整体投入不足等问题,阻碍体育教学的整体质量和人才培养水平。

当前,体育与医疗融合是发展之势,医疗保险账户支付购买健身服务作为重要手段之一,需要重点关注。美国第三方管理、运作医疗保险账户的模式与我国实际截然相反。政府购买模式在我国急速发展,其趋势也将趋近于美国现存的模式。那么在未来,第三方管理医保账户将如何运营?需要根据实际国情、社会发展程度、国民接受程度作相应改变。

笔者认为,要取美国运行模式之精华:第三方以健身参与程度为基础,返还、奖励额度,可显著提升人们的参与度、积极性。但该模式与我国现行政策截然不同。未来,基于我国国情、社会实践和居民需求,匹配的法规政策也会建立健全,推进医疗保险账户支付健身服务模式发展,深度融合体育与医学。基于社会发展水平和医保个人账户基金结余现状,体育局适时推广喜闻乐见的运动项目,如游泳、网球、乒乓球、羽毛球、拳术、健身舞、健身操等。提升场馆工作人员的服务水平和服务质量,吸引更多参保人员进行体育运动消费,形成良好的体育运动习惯。参保人员参加健身消费可以根据运动频率等信息,综合个人资料、体育健身场馆、服务项目,坚持安全、便民、科学的原则,选择健身项目、确定运动量,科学、系统地制定健身计划。优化场馆运营机制,深化公共服务职能。

①推行医疗保险账户支付健身服务的关键原因:体育健身发展欠缺;我国医疗保险账户余额大量闲置;"体医融合"的政策法规已经开始出现;可以借鉴发达国家"体医融合"发展经验。

②医疗保险账户支付健身服务功能尚在摸索发展。医疗保险账户支付健身消费已在江苏全面推行,虽然苏州、南京、常州政策有所区别,但消费多因卡内余额、健身场馆分布、职业、年龄而变化。中年消费者偏多,男性多于女性。

③其实施机构、服务组织分为两类:苏州运用"阳光健身卡"进行消费,南京、常州则直接到指定场馆刷医保卡;健身卡分为年卡、季卡、月卡、次卡;使用医保卡支付健身消费的最低余额为 3000 元;医保卡用户也表示支持该功能。

④政府给予财政支持、购买体育公共服务,由第三方运营、管理,增加试

点场馆是未来可以运用的成功经验;南京、常州的运行过分依赖体育局,健身试点数量不足,缺少政府宣传等问题仍需解决。

⑤该模式的困境是:虽然政府开始重视发展该模式,但我国法律尚没有明确规定其合法性,政策法规保障不足;健身机构试点数量不足,影响参与人数;居民参与度、积极性不高。相应实施路径为:完善政策法规;经济发达地区可率先试点运行;重点关注健身试点建设。

⑥健全该模式有三个关键:完善政策法规、明确监管机制、增设健身试点。

完善医疗保险账户制度,使医疗保险账户支付健身服务有法可依。

①建立健全监管机制。体育局、人社局设立联合监管部门,保障其合法、合规运行。

②明确医疗保险余额的适用范围和额度,规范健身场馆运行秩序,鼓励、引导健身场馆依法经营,建立合理、统一的准入门槛和服务标准。

③降低参与消费门槛,制定科学的卡内余额标准,提高参与健身数量。

④加强宣传、科普,政府要宏观调控、积极引导,促进国民树立积极的健身观和科学的健康观。

⑤增设健身场馆。重点建设健身试点,合理规划试点分布,增加场馆数量。

⑥不定期向全社会听取意见和反馈,完善运行模式。

⑦加强政府与社会体育团体、商业组织、教育机构的合作。如澳大利亚为推行"Active Australian"计划,成立"活跃澳大利亚组织网络",其成员包括体育运动委员会、健康与家庭服务部、体育娱乐部及户外运动与健身社区、娱乐、体育等方面的社会团体。多领域协作为全民健身创造有利条件。为提升国民参与度与积极性,很多西方国家鼓励国民参与简单易行的健身活动,如徒步、定点篮球、爬楼梯、跳绳等;另外,西方国家会简化一些体育活动的规则,使其更加简单易行,例如篮球、足球、羽毛球等,同时也降低其对场地的依赖性,使其更加容易推广;再就是通过完善免费的体育健身路径,创造良好的运动条件,使设施更加完善。

为了更好地实施全民健身计划,并对实施效果开展检测评估,进行目标管理,许多国家都选择完善评价体系。澳大利亚成立了"活跃澳大利亚监督、评价与研究委员会",政府代表和体育学者专职专责,分析、评估"活跃澳大利亚"的落实情况。在实施全民健身计划时,西方各国的关注领域有所不同,但都以传统的健身模式为主,统计国内体育人口,并且通过各种媒体渠道进行宣传教育。各国为了支持人们更好地健身,尽可能地去完善健身路径的修建,并且采取评价机制评估其有效性。与其他国家的法规政策相比,尽管我国"体医融合"的健身模式开始时间不长,整体上还是处在探索发展阶段,但体育与医疗的结合认可程度已经很高,加强融合为人类健康服务已是大势所趋。

参考文献

蔡莉,曾淑娟,胡鹏.健康中国背景下健身气功发展的问题与思路[J].武术研究,2019(4):98-101.

曹艳.浅谈太极拳所蕴涵的中国传统文化思想[J].学园:教育科研,2011(19):56-57.

陈昌乐.功效突出的健身气功・五禽戏[N].上海中医药报,2019-05-31(8).

陈君石.体育活动与慢病预防[C]//国家体育总局,中国体育科学学会.第三届全民健身科学大会论文集.中国体育科学学会,2014.

陈咸,陈庚.大学生运动损伤现状及健康教育干预效果研究[J].基层医学论坛,2019(19):2671-2675.

陈亚欢."健康中国"背景下体育与医学的结合研究[J].当代体育科技,2019(14):3-4.

成明祥.论高职院校中的医学教育发展[J].中国高等医学教育,2012(1):9-10,33.

崔永胜,杨慧馨.健身气功习练人群特征调查分析[J].体育文化导刊,2017(6):42-46.

邓敏.国内外预防医学现状及发展方向[J].中国公共卫生,2012(12):1673-1674.

董婧涓.社会体育专业开设预防医学基础课程的理论思考[J].体育科学研究,2011(3):75-78.

冯蕾."体医融合":从新视角重新认识运动[N].中国体育报,2019-07-25(5).

傅兰英."体医融合"干预模式对BMI异常女大学生减肥效果及体质健康状况的影响[C]//中国体育科学学会.第十一届全国体育科学大会论文摘要汇编.中国体育科学学会,2019:3832-3834.

高志才,屈植斌.新时代太极拳运动"体医结合"的多维价值[J].体育科技,2019(2):93-94.

郭燕,沈智,田靖,等."体医结合"的太极拳实习机制探索——以焦作地区太极拳专业学生为例[J].运动,2017(4):98-99,108.

何珂.城市社区"体医结合"公共服务模式构建研究——以郴州市为例[D].湘潭:湖南科技大学,2017.

胡丹丹.杭州市健身俱乐部私人教练职业现状调查与研究[D].武汉:华中师范大学,2015.

胡耿丹."体医融合"健康促进模式的发展现状、趋势及对策研究[C]//国家体育总局,中国体育科学学会.第三届全民健身科学大会论文集.中国体育科学学会,2014.

胡国鸽,卢延文.体医结合:医学院校体育课程改革的重要途径[J].体育科技,2019(1):107-108.

黄河.论高校五禽戏教学与大学生审美教育的培养[J].武术研究,2019(4):111-113.

黄浚智.运动健康管理网络平台的研制与应用[D].扬州:扬州大学,2012.

黄新金."体医结合"背景下医学体检档案管理模式分析[J].档案时空,2019(6):50-51.

黄亚茹,梅涛,郭静.医体结合,强化运动促进健康的指导——基于对美国运动促进健康指导服务平台的考察[J].中国体育科技,2015(6):3-9.

黄奕祥.健康管理:概念界定与模型构建[J].武汉大学学报(哲学社会科学版),2011(6):66-74.

黄越,吴亚婷,万强,等.体医结合青少年健康素养促进模式构建[J].中国学校卫生,2019(3):325-329.

靳晓娇,褚立辉.体医结合在医学院体育教学中的重要性[J].中国农村教育,2018(22):11.

李俊浩.高校五禽戏教学中存在的问题及对策研究[J].武术研究,2019(1):95-97.

李若愚."体医融合"理念下八段锦功法的动作特点和健身作用分析[C]//国家体育总局,中国体育科学学会.第三届全民健身科学大会论文集.中国体育科学学会,2014:1.

李晓峰,陈利.新时代五禽戏社会价值及发展策略[J].体育文化导刊,2018 (11):15-20.

李振旗,邱爱洋,陈芳丽,等."体医融合"中的五禽戏:传统养生追求与当代健康供给[J].吉林体育学院学报,2019(3):103-108.

李卓,茹晶晶.陈氏太极拳特征与习练方法浅析[J].搏击·武术科学,2012 (12):28.

梁亚娟.成都市武侯区社区居民体育健身需求现状的调查研究[D].成都:成都体育学院,2017.

刘大伟.医学院校"体医结合"处方式教学模式实践研究[J].当代体育科技,2015(29):155-156.

刘广慧.湖南省医学类院校公共体育课教学改革研究[D].吉首:吉首大学,2016.

刘国华,郭丽霞.中西医结合护理对行全膝关节置换术患者术后疼痛改善情况及膝关节功能的影响[J].中国民间疗法,2019(22):93-95.

刘一平.医体结合与健康促进[J].河北体育学院学报,2006(3):60-62.

刘于溪,王丽萍,王茂.新时代背景下八段锦在教学中开展的培育价值研究[J].武术研究,2019(1):115-117.

罗竣升,陈齐.健身俱乐部与医疗机构合作的可行性分析[J].体育成人教育学刊,2008(2):11-12,16.

罗跃平."健康中国"视野下农村中学生体质健康现状及提升策略研究[J].山西农经,2019(20):121-122.

吕艳琼."体医结合"的体育教学改革模式探讨[J].当代体育科技,2019(3):7,9.

马宏霞."体医结合"模式下养老机构体育养老服务研究[J].河南机电高等专科学校学报,2018(6):52-54.

莫轶,王瑜.社区全民健身指导"体医结合"模式的建构及效果观察[J].中国社区医师,2016(31):190-191.

潘燕,吴荣荣."体医结合"视域下太极拳的价值分析[J].湖北师范大学学报(哲学社会科学版),2018(6):84-86.

庞文华.郑州市推行社保健身一卡通的可行性及运行模式研究[D].郑州:郑州大学,2017.

邱良武,李军,江汎,等."健康中国"背景下医学院校"体医结合"教学改革探究[J].医学教育研究与实践,2019(1):1-4.

沙鹏.健身气功五禽戏对中老年女性血脂指标及平衡能力的影响[J].陕西中医,2010(10):1332-1335.

宋宝华.提高医患沟通技巧构建和谐医患关系的研究[J].世界最新医学信息文摘,2018(83):190.

宋福杰."体医结合"背景下体育院校培养复合型人才策略分析[J].当代体育科技,2019(14):123-124.

宋亚佩,范铜钢.健身气功发展审视及改革思路[J].体育文化导刊,2019(3):53-57.

苏立宁,贾江溶,袁炜煜."大健康"背景下构建城市社区"体医结合"公共健康服务模式研究[J].教育教学论坛,2019(26):12-13.

苏太洋,王俊凌,庞斌.第三状态疗养康复的理论探讨[J].中国疗养医学,2003(4):254-256.

唐秀娟."体医结合"视域下民族传统体育的健康促进研究[J].中华武术(研究),2019(6):75-78.

田野."体医结合"下的健康体育教学模式发展研究[J].体育科技文献通报,2018(12):78-79.

王爱丰,王正伦,王进.长江三角洲体育产业圈的功能及示范性发展领域[J].体育文化导刊,2005(1):13-16.

王刚军,李晓红,王伯超.社区"体医结合+医养结合"养老服务研究[J].佛山科学技术学院学报(自然科学版),2019(6):63-67.

王海涛,孟兵林,丁晨光,等."健康中国2030"战略下全民健身指导人才培养探讨[J].河北职业教育,2017(2):31-34.

王慧超.以"体医结合"理念为导向的社会体育指导与管理专业课程体系构建研究[D].聊城:聊城大学,2018.

王陇德.号召城市卫技人员投身卫生扶贫接力活动[J].中国初级卫生保健,2000(6):68.

王庆庆,吴玉华,杨世强.黄山市健身气功开展现状及发展策略研究[J].赤峰学院学报(自然科学版),2018(10):122-124.

王润生.浅议"体医结合"视域下卫生学校的太极拳教学[J].当代体育科技,

2019(13):138,140.

王瑜.基础教育阶段子女学习表现中的邻里效应——基于城乡居住社区的视角[J].新经济,2019(12):66-73.

王崭.运动健康管理商业模式构建研究[D].石家庄:河北师范大学,2018.

文德林,邓军文.太极拳对于改善人体机能的研究综述[J].华夏教师,2019(16):61-62.

吴建军,张艳,宋志靖,等."医教协同"背景下预防医学人才实践能力培养的思考[J].基础医学教育,2019(6):490-493.

夏宏武.五禽戏促进老年人性健康水平的研究[J].中国老年保健医学,2019(3):96-98.

谢山.体医结合背景下的高校体育教学设计[J].当代体育科技,2019(20):142-143.

宣海德.我国城市社区体育中"体医结合"问题的研究[J].军事体育进修学院学报,2007(1):106-108.

于超.论"体医结合"处方式的教学模式[J].当代体育科技,2018(19):31-32.

于飞,刘照涌.浅谈运动健康管理[J].黑龙江生态工程职业学院学报,2013(2):141-142.

曾及恩,杨明发."体医结合"与"体医融合"关系辨析[J].青海师范大学学报(自然科学版),2019(1):95-98.

张继可,杨莉,王宇,等."个体化健康管理"探讨[J].中国卫生事业管理,2000(3):152-153.

张剑威,汤卫东."体医结合"协同发展的时代意蕴、地方实践与推进思路[J].首都体育学院学报,2018(1):73-77.

张军.CCTV原创栏目《运动大不同》传播价值研究[D].北京:北京体育大学,2016.

张鲲,杨丽娜,张嘉旭.健康中国:"体医结合"至"体医融合"的模式初探[J].福建体育科技,2017(6):1-3.

张娜,薛锋.全民健身背景下健身气功的开展现状研究及分析——以太原市为例[J].体育科技文献通报,2018(3):160-162.

张文亮,杨金田,张英建,等."体医融合"背景下体育健康综合体的建设[J].

体育学刊,2018(6):60-67.

张艳.健康中国战略下"体医结合"处方式教学模式初探[J].当代体育科技,
　　2019(15):58-59.

张裕.我国医疗保险账户(医保卡)支付健身服务现状及发展对策研究[D].
　　开封:河南大学,2017.

赵广高,苏全生,周石,等.对运动中机体免疫平衡评价方法的思考[J].成都
　　体育学院学报,2014(12):79-84.

赵彤.我国体医结合健身模式现状与对策——以苏州市"阳光健身卡"为例
　　[D].北京:北京体育大学,2014.

赵仙丽,李之俊,吴志坤.构建城市社区"体医结合"体育公共服务的创新模
　　式[J].体育科研,2011(4):58-63.

赵莹莹.体医结合背景下健身气功发展对策研究[J].中华武术(研究),2019
　　(3):82-84,73.

郑玉霞,肖光来,姜桂萍.我国商业健身俱乐部发展分析[J].体育文化导刊,
　　2008(5):15-18.

周杏芬."体医"结合模式下我国老年健康促进的路径研究[J].苏州市职业
　　大学学报,2018(4):85-88.

朱宏杰.市场导向的结构模型及共变量研究:中国市场的证据[C]//中国市
　　场学会.中国市场学会2006年年会暨第四次全国会员代表大会论文
　　集.2006:461-479.

朱清华."体医结合"背景下健身气功在普通高校的开展现状与对策研究
　　[J].武术研究,2017(7):88-90.